ちくま新書

民主党政権　未完の日本改革

菅直人
Kan Naoto

1591

民主党政権　未完の日本改革【目次】

第三章　達成された政策　103

第四章　実現できなかった政策　191

第五章　政権への道、再び　207

はじめに

民主党が政権を失い、間もなく九年になろうとしている。

二〇〇九年から一二年までの三年三カ月の民主党政権を、いまさらながら検証してみようという気になったのは、まさに時が流れたことで、冷静に評価できるようになったと感じたからだ。

今年（二〇二一年）は、東日本大震災と東京電力福島第一原発事故から一〇年という節目の年でもあった。震災発生の三月一一日前後には、テレビでも検証番組が放映されたし、新聞や雑誌、あるいは書籍でも事故を再検証するものが多く出された。私自身も『原発事故10年目の真実』（幻冬舎）を出版し、海外を含むメディアからの取材にも応じた。

一〇年目の原発事故検証では、当時の総理大臣であった私や民主党政権への感情的な根拠なきバッシングはなくなり、ようやく、事実に基づいた冷静な検証と中立的な観点からの解釈ができるようになったと感じた。

それならば、原発事故対応だけでなく民主党政権全体についても、冷静な評価が可能な時期となっているのではないか――そう感じたのである。

首相となった安倍晋三氏はことあるごとに「悪夢の民主党政権」と絶叫していた。なるほど、安倍氏にとっては悪夢だったのだろう。だが国民にとって「悪夢の政権」だったとは思えない。安倍氏は具体的な批判はせず、「民主党政権」イコール「悪夢」とレッテル貼りに終始していた。他党批判、旧政権批判はあっていいし、思想信条も異なるのだからその立場からの批判もあっていい。だが感覚的・感情的な批判では議論にもならない。安倍氏の狙いは、議論ではなく民主党政権は悪夢だったと印象づけることにあったのだろう。

本当に民主党政権は悪夢だったのか。

民主党は二〇〇九年の総選挙で、子ども手当、高校無償化、農家への戸別所得補償などをマニフェストに掲げ、実現してきた。そのほかにも、介護保険制度の充実をはじめ、福祉、教育、子育て、雇用などの分野では多くの政策を実現できていた。

予算編成の透明化、外務省の密約の解明など情報公開も進めた。公文書を隠蔽し、改竄させてきた安倍政権とは大違いである。

また、政治主導を掲げ、各府省での政務三役がチームとなって行政にあたり、国家戦略室・行政刷新会議といった新組織では民間人も登用した。一方、官僚を使いこなせなかったと批判され、そういう面もあったかもしれない。だが、人事権をちらつかせて、恫喝まがいの態度で官僚を意のままにし、忖度させ、隠蔽にまで加担させてきた安倍晋三・菅義偉政権の官僚の使い方がいいとは誰も思わないだろう。

一方で消費税増税をめぐり党内が分裂し大量の離党者を出すなど、党内ガバナンスに未熟だったのも否定できない。そういう「政局」になると、マスメディアも競って大きく扱うので、党内でもめてばかりいたとの印象を持つ方も多いだろう。

こちらのPR不足もあったが、多くの政策が実現し、何よりも従来の政官業の癒着構造による政権運営とはまったく異なる手法で多くの改革が実現したことを伝えられなかった。

そのため二〇一二年の総選挙で民主党は獲得議席五七と惨敗した。二〇〇九年の総選挙では三〇八議席だったので「壊滅的」どころか、まさに壊滅である。

しかしこの選挙で、民主党が比例代表で獲得したのは九二六万八六五三票で、民主党離党者を中心にした日本未来の党の三四二万三九一五票とを合計すると一二六九万二五六八票を獲得していた。自民党は一六六二万四四五七票である。小選挙区制度は死票が多くなるので、議席数では大きな差が出たが、得票数ではそれほどの差はなかった（詳しくは第五章に記す）。

とはいえ議席数が激減したのは事実だ。ここまで大きく負けると、得票数では健闘したという声すらも出ず、敗因の分析もする気にならないのが正直なところだった。党内のどこかでは分析していたのかもしれないが、敗因を分析し総括し、それを全党的に共有した記憶は私にはない。

むしろ安倍政権の方が、比例での民主党の得票数に脅威を感じ、息の根を止めなければならないとばかりに、民主党を「悪夢」呼ばわりし、徹底的に潰そうとしたのではないか。

「五七」という数字で私が思い出したのは、一九九六年に私が鳩山由紀夫氏たちと結党した最初の民主党が同年の総選挙で獲得した「五二」議席という数字だ。二〇一二年の「五七」は、一九九六年のスタート時の議席数をかろうじて上回っていた。

民主党は五二議席から始め、一三年かかったが、政権交代を成し遂げたのだから、五七議席からならば、一〇年かかるかもしれないが政権を奪還できる。

そして間もなく、その一〇年となる。「民主党」という政党はいまはないが、新しい立憲民主党のもとにかつての民主党の議員たちが結集し、次の総選挙に臨もうとしている。

この機会に、二〇一二年の敗北時にできなかった、三年三ヵ月の検証をしてみるのは決して無駄ではないと考えたのである。あわせて、この九年間の安倍晋三・菅義偉政権が何をしてきたかも検証して、国民にとって「悪夢」なのはどちらなのかを問いたい。

本書は、政権内部にいた、しかも党代表と内閣総理大臣を務めた立場からの検証である。客観的、第三者的、学術的な検証はすでに何冊もあるので、当事者目線での検証もあっていいだろうと思い、あえて書いてみた。

民主党政権は、日本の議会政治史上初めて、選挙によって国民が政権選択をして誕生した。それもあって、民主党政権は誕生時から学者、ジャーナリストから注目されていたので、政権が終わると、「失敗」「挫折」の観点から、民主党政権を検証する本が何冊も出された。私を含め、民主党の大臣経験者の多くが、ジャーナリストや学者からの取材に応じ、証言してきた。その結果、ますます民主党は「失敗」「挫折」したとのイメージが定着した面もある。

一方、安倍政権七年八カ月の検証は、民主党政権ほど、なされていないように感じる。安倍政権の目玉政策であるアベノミクスは、見かけの景気のよさは実現したが、日銀が上場企業の株式を大量に購入するという常軌を逸した政策のおかげだ。株価の上昇と実体経済とが乖離し、株などに投資している富裕層はますます豊かになる一方で貧困化が進み、日本社会は分断されようとしている。

かつての自民党政権は「一億総中流」を実現したが、その中流社会を支えた中間層がやせ細った。若い世代は高額な奨学金の返済で結婚もできない状況だ。子育て世代である三〇代から五〇代も将来への不安を感じている。

そこにコロナ禍がやってきた。安倍政権時代に始まったコロナ禍へのその場しのぎの対応に、国民はうんざりしている。PCR検査はいつまでたっても数が増えず、一億人以上の国民にワクチンを打たなければならないことは一年前にわかっていたのに、ワクチンが輸入されてから、注射の打ち手が足りないと大騒ぎした。どうしてこうなってしまったのか。本書は基本的には民主党政権の検証だが、テーマによっては、安倍・菅政権と比較してみたい。

本書はまず「マニフェスト」についての考えを述べて、第一章では「政治主導」がどこまで実現したかを述べる。第二章では民主党が批判された「危機管理」を検証したい。

第三章では、民主党が二〇〇九年の総選挙にあたって作成したマニフェストの主要なものについて、どう達成されたかを示す。また第四章では達成できなかったことも記す。

敗北後の野党としての九年間についても、第五章に記した。どん底から再スタートした民主党は、民進党となり、分裂し、再び立憲民主党として再結集した。その過程で暗黒の安倍・菅政権とどう対峙してきたかも述べたい。

序　章

マニフェストは失敗ではない

2010年のマニフェスト表紙

†マニフェストで政権を得た

私が民主党代表だった二〇〇三年の総選挙から、各党は国政選挙のたびにマニフェストを作成し、国民に訴えるようになった。

それまでの選挙公約は、たとえば「国民の暮らしを豊かにします」のような抽象的なものが大半だった。自民党は長く政権の座にあり、選挙のたびに公約していたが、それが達成されたか検証されなかったのは、公約が検証不可能なものだったからだ。

英国の選挙では保守党、労働党それぞれが選挙のたびに「マニフェスト」を作り、検証可能な政策を掲げて競い合っていた。長く続いた保守党政権から、トニー・ブレア率いる労働党に交代した選挙でも、「マニフェスト」の力が大きかった。

日本でも一九九九年の統一地方選挙から、「マニフェスト」という言葉が使われるようになっていたので、私はそれを国政選挙にも導入したいと考えるようになった。そこで、代表だった二〇〇三年の総選挙で「マニフェスト」を作って、当時の小泉純一郎政権に挑んだのだ。この選挙は「マニフェスト選挙」とも呼ばれた。

「政権を取ったらこれをやります」と明言しての選挙となり、民主党は四〇議席増の一七七議席を取り、五五年体制以後の野党としては過去最高となり、政権交代が現実のものとして、見えてきた。

その後の選挙でも民主党は「マニフェスト」を作ってきた。その政策の中身は、その時の代表を中心として作られるので、どの分野に力を入れるかなどの違いはあったが、マニフェストの持つ理念や作り方は踏襲されていた。

抽象的な内容ではなく、具体的な数字を掲げることが大事だったので、「二〇〇九年マニフェスト」では、たとえば「中学卒業まで一人当たり年三一万二〇〇〇円の子ども手当」など、数字を示した。予算を必要とする政策については、いくらかかるのかも明記した。さらに、政権を取った瞬間にすべてができるわけではないので、大きな政策については、次の総選挙までの四年間の工程表も付した。

その意味では民主党のマニフェストはかなり硬直性があった。

結果として、政策のすべてが実現できなかったために、「マニフェスト破り」「嘘つき」と批判されるわけだが、こういう批判が可能なのも「実現したかどうかが検証可能なマニフェスト」だったからだ。

†達成率七四・八パーセント

マニフェストを作って選挙に臨んだことは、今も間違っていたとは思わない。検証可能なマニフェストだったからこそ、官僚もマニフェスト実現に努力してくれた。官僚は目標をしっかりと示せば、それに向かって期限内にやろうとするものだ。なかには抵抗する官僚もいたとは思うが、目立った抵抗は感じていない。

第三章に詳しく述べるが、マニフェストは一六四項目を掲げ、そのうち「外交」分野を除いた一四七項目で、実現したのは五〇、一部実施したのが六〇で、合計一一〇、七四・八パーセントとなる。四分の三は達成できていた。しかも、マニフェストで約束したのは「四年間」での実現だったが、政権は三年三カ月で終わったので、あと九カ月あれば、もっと達成率は高かっただろう。

「一〇〇パーセント達成できなかったからダメだ」と言う人は少なかったと思う。七四・八パーセントは合格点だったのではないか。

実現できなかった約四分の一のなかには、原発を今後も続けるという内容のものもあり、東電の原発事故後は私自身が原発ゼロを目指すと決めたので、とても実現できるものではなかった。もちろん、丁寧な説明が必要だが、政策転換はありえる。

マニフェスト至上主義だと、書いてあることはどんなことも実現しなければならなくなるが、社会状況や経済状況の変化で、修正すべきものも出てくることも、もっと説明すべきだった。

†マニフェスト――実現を困難にした理由

マニフェストに掲げた項目の中には、新たな法律の制定や法改正、予算措置が必要なものも多かった。当然ながら、法律は国会に提案し、衆議院と参議院の両院で賛成多数を得なければ成立しない。

民主党政権は衆議院では圧倒的多数を持っていたが、参議院は連立を組んだ社民党と国民新党とを合わせてようやく過半数となっていたところ、社民党の連立離脱や、二〇一〇年夏の選挙で議席を減らしたため、過半数を失い、「ねじれ国会」となっていた。したがって、二〇一〇年秋以降は、法案成立が困難となっていた。野党がマニフェストを潰そうと思えばできる状況になってしまったのだ。

実際、国会対策ではかなり苦労した。自民党の要求で修正に応じたことも多いし、廃案になった法案もある。いま思えば、自民党は最強の野党だった。

マニフェストを作った時、「ねじれ国会になったらどうするか」を想定していなかったのも事実だ。

マニフェスト実現にあたり財源問題は最大のネックとなった。

二〇〇九年のマニフェストでは「国の総予算二〇七兆円を全面組み替え」と掲げ、新しい財源として、総予算二〇六・五兆円から九・一兆円を節約し、「埋蔵金」五兆円、租税特別措置の見直しで二・七兆円、合計一六・八兆円を生み出す、としていた。

これができなかった。財政規律を無視して赤字国債を乱発すればできたものもあったかもしれないが、その方法はとらなかった。

†G7で財政健全化の重要性を再認識

「マニフェストに書いてあるとおりに実行する」ことに異論はない。だが、実際に実行しようとしたが、財源などの問題でできないこともあった。ガソリン税等の暫定税率廃止がその例だ。

一方、「マニフェストに書かれていない」が、実行しなければならないことも、政権を運営していくと出てくる。最もわかりやすいのが、東日本大震災からの復興だ。当たり前だが、マニフェストには何も書かれていなかった。しかし、マニフェストにないからと復興事業をしなくていいと言う人はいないだろう。

地震・津波・台風などの自然災害、リーマン・ショックのような世界経済の激変といった、予期せぬ出来事が起きた場合には、マニフェストにないこともしなければならない。

私にとって、G7でのギリシャ危機への対応が予期せぬ事態のひとつだった。

二〇一〇年度予算編成の激務で、藤井裕久財務大臣は体調不良で辞任した。私はその後を受けて、二〇一〇年一月七日に副総理兼財務大臣に就任した。それまでも国家戦略担当大臣として二〇一〇年度の予算編成にも関わってきたのが、鳩山総理が私を後任にした大きな理由だった。

マニフェストは政権を取る前、野党の立場で作成したものだ。役所が持つ情報のすべてを見ることはできず、情報不足だったことは否定できない。政権を得ると日本の財政は予想していた以上に厳しかった。そういった下地があった上で、私は二月にカナダで開催されたG7（先進七カ国財務相・中央銀行総裁会議）に出席した。

G7では、私が抱いていた危機感はより大きなものになった。一国の国家財政の破綻でも、世界経済に影響する時代だ。ギリシャの財政危機が深刻化しており、各国の財政担当者は頭を抱えていた。

ギリシャ問題を討議していると、日本の財政赤字への心配の声も出た。日本の財政赤字は金額でいえばギリシャ以上だった。経済規模も日本のほうがはるかに大きい。「日本は大丈夫なのか」と他の参加国の財務相や中央銀行総裁、その関係者たちから懸念を表明された。外国からは日本の財政はかなりひどい状況に見えていたのである。私は財政健全化、つまり国家の信用を回復するためには、消費税増税も考える必要があると認識した。

「菅は財務官僚に取り囲まれ、消費税増税に向かった」と批判されたが、別に官僚に洗脳されたわけではない。G7で財政健全化の必要性を痛感したのである。

†参院選のマニフェスト

当時はまだ鳩山総理のもとで参院選へ向けてのマニフェストが作られていた。そこには「財政健全化」という項目も置いて、基礎的財政収支の赤字（対GDP比）を二〇一五年度までに二〇一〇年度の半分以下にし、二〇二〇年度までに黒字化するとの目標を掲げ、「次期総選挙後に、消費税を含む税制の抜本改革を速やかに実現する」と書かれていた。

その後、鳩山総理が辞任したので、六月八日に私が総理となった。参院選まで一カ月もなかったが、旧執行部が準備していたマニフェストに手を入れて、二〇一〇年のマニフェストを私の責任で作成した。そこに、「早期に結論を得ることをめざして、消費税を含む税制の抜本改革に関する協議を超党派で開始します。」と書いた。このマニフェストを発表する記者会見の場で、私が消費税率について「自民党が提案している一〇パーセントをひとつの参考にしたい」という趣旨の発言をし、これが民主党は一〇パーセントにしようとしていると報じられ、参院選での敗因とされた。

二〇一〇年マニフェストをどう定義するかは、議論が分かれるところだ。参院選で勝利していれば、二〇〇九年マニフェストは、二〇一〇年マニフェストへと上書きされるはずだった。だが得票数では第一位を維持していたが、獲得議席は改選議席五四から四四へと減り、参議院での過半数を失ったので、敗北だった。ということは、二〇一〇年マニフェストは否定されたと解釈し、二〇〇九年マニフェストを遵守すべきという考えも成り立つ。

参院選の敗北は国会運営を厳しくさせ、マニフェストにある政策を実現するための法案を作り国会に提出したが、野党が反対すれば成立しないため、審議未了で廃案になったものもある。

†マニフェスト後遺症からの脱却を

二〇一二年の総選挙にあたり、民主党執行部はマニフェストの形式を大きく変えた。数値目標を大幅に減らし、財源リストと工程表は作らなかった。「民主党の理念」を前面に出す抽象的なものになった。マニフェストで苦労した結果、執行部がこうしたのは理解できる。

党内には「あまり具体的な政策を掲げると、あとでできなかったときに批判されるので、曖昧にしたほうがいい」という雰囲気があった。マニフェスト後遺症とでも呼べる気分だ。

だが「マニフェスト」という言葉を今後も用いるかどうかはともかくとして、具体的な数値目標を掲げた政策リストは作るべきだろう。それを提示し、選挙に勝ったからこそ、官僚はマニフェストにある項目の実現に動いたのである。

後述するが、二〇〇九年マニフェストの達成率は決して低くはなかった。七五パーセントほどは達成できていた。

いまの立憲民主党の主軸メンバーは一度政権を担っているのだから、ある政策が実現可能かどうか経験として察しがつく。実現不可能な政策はあらかじめ除外できるはずだ。「政権をとればいくらでもカネは出てくる」とは誰も思っていない。

二〇一四年の総選挙で民主党は一九八名、一七年の総選挙で立憲民主党は七八名（希望の党が二三五名）しか立候補させられなかったので、全員が当選しても政権は取れなかった。したがって政権公約を作る資格もなかった。だが、いまは違う。

次の総選挙に政権獲得を掲げて挑むのなら、本気だと示すためにも、名称は「マニフェスト」にこだわらないが、大きな理想と細かい実務的政策を掲げた政権公約は必要だ。

立憲民主党の枝野幸男（えだのゆきお）代表は、次期総選挙に向けて『枝野ビジョン　支え合う日本』（文春新書）を発表した。これは立憲民主党を中心とした枝野政権が誕生した時の「マニフェスト」のベースとなる考えを詳しく説明したもので、私も大筋で納得できる。今後、総選挙までには「政権政策」が示されるはずだ。

第一章

政治主導の実現

——自民党政権とは異なる政権運営

内閣府に国家戦略室と行政刷新会議事務局が発足し、握手する仙谷由人行政刷新担当相、鳩山由紀夫首相、菅直人国家戦略担当相（2009年9月18日、共同）

民主党政権への失望の最大のものは「政治主導の失敗」だとよく言われる。二〇〇九年の総選挙のキーワードが「政治主導」だったので、それに国民が期待したのは当然だった。その期待に応えられなかったという失望が批判につながったと指摘される。だが、政権の中にいた私の実感では「政治主導」はかなり実現していた。失敗したとは思っていない。強いて言えば、政治主導となっていることのアピールが足りなかったのかもしれない。

†政治主導とは

一九九六年に鳩山由紀夫氏と民主党を立ち上げたときから、私は「政治主導の実現」を前面に出していた。これは、大臣経験がベースにあった。

私が最初に大臣に就任したのは一九九六年一月、橋本龍太郎内閣の厚生大臣だった。一九八〇年の初当選以来、社民連というミニ政党にいたので、ずっと野党、一度も入閣機会はなかった。それが九三年の非自民連立の細川護熙(もりひろ)政権で初めて与党を経験し、新党さきがけに移ると、自民・社会・さきがけの連立政権である橋本内閣で入閣したのだ。政務次官経験もなかったので、政府の一員になるのも初めてだった。

そのときの経験で、この国は憲法や法律ではいわゆる「議院内閣制」となっているが、現実には「官僚内閣制」だと実感した。それまでは、欧米諸国のように政党間の政権交代があるべきだと考えていたが、大臣を経験してみて、自民党から別の政党への政権交代だけでは不十分で、「官僚主導内閣」から、「政治主導内閣」への転換が必要だと考えるにいたった。政治主導とは、国民が選挙で選んだ政治家が主導するということなので、「国民主導」ということでもある。

「官僚主導内閣」の象徴が、閣議とその前日の事務次官会議だった。

閣議というと、どういう会議をイメージされるだろうか。総理と大臣が円卓を囲み激論を交わしていると思っている方も多いだろう。しかし、現実の閣議はほとんど「議論」はない。閣議決定しなければならない文書に、閣僚として署名するだけなのだ。

このことは、大臣経験のある議員から話としては聞いていたのだが、いざ、自分が大臣になり、閣議に出てみて、本当に、「サイン会」だったのには驚いた。

閣議は原則として火曜と金曜の週二回なのだが、いずれも十数分で終わり、その間、ひたすら、まわってくる書類にサインをしていた。その書類に何が書いてあるのかを読んで確認する時間もない。

たまに閣議の後に閣僚懇談会として議論することもあるのだが、それは例外だった。

大臣たちが文書を読まずに署名し、閣議決定できるのは、その前日に事務次官会議ですべてを確認し、問題がないと確認されているからだった。橋本内閣での厚生大臣を退任した後、国会で質問したのだが、「事務次官会議を経ずに閣議に諮られた案件」は、「国会の解散」以外ない。また、事務次官会議で決定したことが閣議で反対される、あるいは修正されることもない。

つまり内閣そのものが官僚に乗っ取られ、大臣たちはただ署名するだけの役割だったのである。

この官僚主導内閣を、政治主導にしなければならない。それが、民主党の原点となった。なぜ官僚が主導してはいけないのか。官僚は国家公務員試験を合格しているが、国民から選ばれたわけではない。政治家は選挙で選ばれている。憲法上も、国会が国権の最高機関となっている。

私は厚生大臣に就任した際の記者会見でこう述べた。

「大臣は役所を代表する責任者だが、それと同時に、国民によって選ばれた国会議員によって選ばれた総理大臣に任命されたわけだから、間接的ではあるが、国民に選ばれた代表として、役所を指揮、監督するために送り込まれているのだと思う」

この思いは今も変わっていない。総理大臣に就任した際も、「国民の代表である国会議員によって選ばれたものとして政府を指揮、監督するために総理大臣になった」との思いでいた。

各省の事務次官たちが集まり、情報交換や調整することまでを否定しているのではない。私が問題にしているのは、閣議が事務次官会議の追認機関になっていることだった。

†政策決定の一元化

民主党がこだわった原則が、政策決定を内閣に一元化することだった。

自民党には政務調査会と総務会があり、そこで了解されたものしか国会に法案として提出されないという慣習があった。そのため、官僚と族議員との癒着、取引が生まれ、それが行政を歪めていた。

官僚たちは法案を作ると、族議員を通して自民党に働きかける。自民党の総務会を通ると、その法案が事務次官会議で了承され、翌日の閣議に提出される。そして、内閣提案法案として国会へ提出されるのである。

国会に提出された時点では、政府の官僚組織と、自民党内の双方が了承したものとなっているので、野党が強く反対しない限りは、ほぼ自動的に法案は成立していた。

これは一見、政策決定に二つのルートがあるように見えて民主的だ。しかし、よく見ると、両方とも官僚が動かしていたのである。

内閣が提案する法律は、政府の各府省で立案し、必要があれば他の府省とも調整していけばいい。その府省での立案過程で、大臣になった政治家が主導していく。それが政治主導だ。

族議員は、官僚が望む法案を通すのと見返りに、自分の関係する業界や団体の便宜を図らせていた。業界はその見返りに自民党に政治献金する。

法的に何ら権限がなく、国会への説明責任も負わない「与党」が政策決定を行うことは、権限と責任の所在をあいまいにする問題もあった。

そこで民主党政権では政策決定を内閣に一元化し、権限と責任の所在を明確化するとマニフェストに掲げたのだ。

†内閣と党

民主党の政権運営の柱は、政策決定の一元化と、各府省での政務三役を中心にした政治主導で政策を立案・調整・決定することにあった。

政策決定一元化のために、当初は内閣に党の幹事長も閣僚として入ること、国家戦略担当大臣が党の政調会長を兼任することになっていたが、小沢一郎幹事長は入閣しなかった。

これについては、小沢氏が断ったという説と、鳩山氏が入閣を要請しなかったという説などあり、私には真相はわからない。

もうひとつの国家戦略担当大臣が政調会長を兼ねる件は、私には異存はなかった。ところが土壇場で、小沢幹事長が政策調査会そのものを廃止してしまった。政調がなくなれば政調会長もなくなるので、私が兼任する話は消えた。この件は、役員会で私と岡田克也氏は反対したのだが、最後は鳩山代表(総理)の決断で決まった。

これによって、党と内閣とは分断された。両方で役職に就いているのは党代表にして総理大臣である鳩山氏だけになった。私は副総理・国家戦略担当大臣になったが、民主党では何の役職もなく、両院議員総会にしか出席できなくなった。

民主党は政策調査会がなくなった一方で、小沢幹事長をトップにした幹事長室が肥大化した。これは幹事長のいる部屋の面積が広くなったという意味ではなく、党内機関としての幹事長室の権限が大きくなったのである。

見かけは政策決定の一元化は実現した。だが、予算編成にあたり、幹事長室が「政府への重点要望」を持ってきたことで、想定していたのとは別の形での政治主導が実現した。政策はすべて政府で決める、つまり予算も政府が決めるべきなのに、党の幹事長室が最終決定権を持ったのである。

さらに、党幹事長が入閣せず、政策調査会を廃止したことで、幹事長に党の権力が集中した結果、鳩山総理と小沢幹事長の二元体制を生んだ。

この反省に立ち、私は党代表になると、政策調査会を復活させ、玄葉光一郎氏を会長にし、一一月の内閣改造では、玄葉氏を政調会長兼国家戦略担当大臣にしたのである。


政調復活により、国会議員による政策議論を活発化させ、それを内閣としての政策決定にも活かせるようにした。

†大臣・副大臣・政務官チーム

もうひとつ、私が大臣を経験して感じたのは、孤独だということだ。

一九九六年当時はまだ副大臣制度はなく、各省にいる政治家は大臣と政務次官の二人だけだった。当時の自民党では当選二回か三回の議員が政務次官に就いていた。当選二回くらいでは、まだ専門が決まっていないことが多く、政務次官になったことがきっかけで、その省の族議員になっていた。

政務次官が族議員養成ポストなのも問題だったが、それ以上に私が不可思議だったのは、厚生大臣在任中、政務次官とはほとんど顔を合わせなかったことだ。私が厚生大臣だったときの政務次官は自民党の議員だったが、私の知らないところで人選されていた。それはいいとしても、省内の大臣や各局長など幹部が集まる会議にも政務次官は一度も同席していなかった。大臣と政務次官は省内で分断され、まったく別に動いていたのだ。

私が自分のスタッフとして役所に連れて行けたのは、政務の秘書官ひとりだけだった。まわりにいるのはすべて官僚だ。

また、他の大臣とも閣議や国会の予算委員会などで顔は合わせるが、じっくり話し合ったこともなかった。橋本総理や梶山静六官房長官とは調整が必要となったときに会っていたが、その程度である。

内閣は総理をトップにした閣僚チームとして機能していないし、各省の大臣と政務次官とはチームを組むどころか顔も合わせない。大臣が名誉職ならばそれでもいいのかもしれないが、そうではないはずだ。

私は当時の内閣について違和感を抱き、ここに述べたようなことを、退任後の一九九八年に『大臣』(岩波新書、二〇〇九年に増補版)という本に書いた。この本をきっかけのひとつとして、一九九九年に国会審議活性化法により、国会における政府委員制度及び政務次官が廃止され、副大臣と大臣政務官が新たに設置された。

当初は大臣経験者を副大臣に起用するなどの人事もあったが、自民党は結局、この副大臣と政務官も当選回数順に派閥ごとに割り当てる人事のポストにしてしまっていた。私が見るところ、各省のなかで大臣・副大臣・大臣政務官がチームを組んでいるようには見えなかった。

†鳩山内閣の五原則・五策

以上述べたような問題意識を持って、私は民主党を結党し、多くの仲間とともに大きくしていった。政権が近づいてきたと実感できるようになると、民主党は二〇〇九年の総選挙に向けてマニフェストを作り、そのトップで、「鳩山内閣の政権構想」の「五原則」「五策」が掲げられた。

原則一　官僚丸投げの政治から、政権党が責任を持つ政治家主導の政治へ。
原則二　政府と与党を使い分ける二元体制から、内閣の下の政策決定に一元化へ。
原則三　各省の縦割りの省益から、官邸主導の国益へ。
原則四　タテ型の利権社会から、ヨコ型の絆社会へ。
原則五　中央集権から、地域主権へ。

この理念の実現のための具体的な策として「五策」があった。

第一策　政府に大臣、副大臣、政務官（以上政務三役）、大臣補佐官などの国会議員約一〇〇人を配置し、政務三役を中心に政治主導で政策を立案、調整、決定する。
第二策　各大臣は、各省の長としての役割と同時に、内閣の一員としての役割を重視する。「閣僚委員会」の活用により、閣僚を先頭に政治家自ら困難な課題を調整する。事務次官会議は廃止し、意思決定は政治家が行う。
第三策　官邸機能を強化し、総理直属の「国家戦略局」を設置し、官民の優秀な人材を結集して、新時代の国家ビジョンを創り、政治主導で予算の骨格を策定する。
第四策　事務次官・局長などの幹部人事は、政治主導の下で、業績の評価に基づく新たな幹部人事制度を確立する。政府の幹部職員の行動規範を定める。
第五策　天下り、渡りの斡旋を全面的に禁止する。国民的な観点から、行政全般を見直す「行政刷新会議」を設置し、すべての予算や制度の精査を行い、無駄や不正を排除する。官・民、中央・地方の役割分担の見直し、整理を行う。国家行政組織法を改正し、省庁編成を機動的に行える体制を構築する。

これをもとに鳩山内閣は動き出した。
自民党にとっては、自分たちがこれまで官僚に依存しながらやってきた政治そのものの否定なので、強い反感を抱いたのは想像に難くない。事あるごとに「政治主導は問題だ」と言い、やがて「政治主導は失敗した」と批判した。以下、私なりに検証してみたい。

†国家戦略室

国家戦略局は民主党政権の目玉として、マスコミでは特に注目されたものだった。「二〇〇九マニフェスト」に「官邸機能を強化し、総理直属の「国家戦略局」を設置し、官民の優秀な人材を結集して、新時代の国家ビジョンを創り、政治主導で予算の骨格を策定する」と掲げた。

鳩山内閣で私は副総理兼国家戦略担当大臣になり、その大臣就任の記者会見で、「国家戦略局という組織が作られたことで、すでに国家戦略局の役割の半分は達成された」と述べた。

自民党も小泉政権では政治主導・官邸主導と謳いながら、結局は官僚主導だったが、民主党政権は違う。国家戦略局を設けると鳩山首相が宣言し、その担当大臣に私が就任したことが、国民主権の理念に基づいて、政治家が責任をもって政策を決めるというメッセージになった。このメッセージが官僚たちに届いただけで、目的の半分は達成できたようなものだったのだ。

役所のなかに「局」を新設するには法改正が必要だった。それを待っていたのでは間に合わないので、法改正の必要ない「室」、「国家戦略室」として九月一八日にスタートした。鳩山内閣発足が一六日だったので、二日後である。

同時に仙谷由人（せんごくよしと）大臣のもとに、行政刷新会議が作られることになり、この二つのエンジンが内閣に新設されたことは、官僚たちに、政権運営の主導権が完全に政治家の手に移ったことを意識させた。これが大きかったのである（行政刷新会議については第三章に記す）。

国家戦略室がスタートすると、面白いことが起きた。各省から、「うちから戦略室に出向させたい」との申し出が相次いだのだ。つまり官僚たちは、国家戦略室ができることへの抵抗は諦め、それを乗っ取ろうとしたのである。結果として、各省からの出向組と、民間からの登用をほぼ同数にすることで、スタッフを編成していった。

国家戦略室に求められたのは、予算編成の骨格を決めること、省をまたがるような課題の調整、国家の中長期的目標の立案などだった。

省をまたがる課題の調整は官房長官の役割だったので、役割分担として、政策調整は国家戦略室、広報・危機管理・情報収集の機能は内閣官房が担うことにした。

予算編成はこれまで財務省が担ってきたので、その役割分担が必要だった。その協議を進め、一〇月二三日、「予算編成等の在り方の改革について」が閣議決定された。

内容は、「予算編成の基本方針」は国家戦略室が原案を作成し、予算編成に関する閣僚委員会において検討の上、閣議決定する。その「予算編成の基本方針」に基づいて、三党連立政権合意書を含むマニフェストを踏まえた予算編成を行う——などだった。

これはトップダウン方式で予算編成をするという革命的な方針転換だった。従来は各省の課から部、部から局へと要求が積み上がり、省ごとの概算要求を財務省主計局が切り込んでいく形で予算編成されていたのを、トップダウン型で省庁横断的な予算編成を行うことにしたのだ。また、年度末の使い切りといった無駄な予算執行を排除するため、複数年度制も考えた。

しかし、予算を年内に編成しなければならないというタイムリミットもあったので、初年度は、方針を決めることはできても、完全な実施には至らなかった。

そして年が明けると、私は国家戦略室を外れ、財務大臣になった。

†国家戦略室の構想変更

私が再び国家戦略室と向き合うようになったのは、二〇一〇年六月に総理に就任してからだ。代表選で勝ち党代表になると、廃止されていた政策調査会を復活させ、玄葉光一郎氏を会長にし、九月の内閣改造では政調会長と国家戦略担当大臣を兼任してもらった。

並行して七月に、国家戦略室を総理直属のスタッフとして位置づける新構想を表明した。

かねてから、日本の総理大臣は直属の部下が極めて少ないことが気になっていた。総理大臣官邸には多くのスタッフがいるが、大半は内閣官房に属している。そのトップは内閣官房長官だ。総理直属のスタッフは五人までの総理大臣補佐官と、七人までの総理大臣秘書官しかいない。補佐官は国会議員から選ぶことが多いが、秘書官は財務省、外務省などからの出向で来ている官僚だ。民間人を参与とすることもできるが常駐するわけではない。

秘書官は、自民党時代からの慣習で、どの役所から来るかも決まっており、何人もの候補者の中から総理が面接して決めるわけではない。政権交代したが、このような役所の内部のルールは基本的には踏襲した。それでやってみてうまくいかなければ変えていこうと考えていたのだ。

アメリカは大統領直属の組織として、国家安全保障会議（NSC）や国家経済会議（NEC）がある。また、政権交代直前の二〇〇九年六月に英国を視察した際に、ポリシー・ユニットという組織があり、首相直属のスタッフがそこに集まっているのを見た。

そこで国家戦略局をポリシー・ユニットのような、総理を直接支えるスタッフに位置づけたのである。この変更について国家戦略室の「格下げ」と報道されたが、そういう意図はない。

構想変更によって一〇月以降は、国家戦略室が従前通りの重要政策の企画立案・総合調整機能を営む一方で、総理直属スタッフとしての総理補佐機能も持つことが明確化され、後者の機能を担う「総理補佐チーム」が結成されたのである。

この国家戦略室の総理補佐チームは、私が国家戦略担当大臣時代に自ら採用したメンバーを中心に構成され、多くは民間からの出向者だった。これは霞が関の新たなモデルでもあった。日本の官僚機構は民間に天下る官僚は多いが、その逆に民間から政府の役職に就く人は少ない。国家戦略室は、そういう官民の壁を、いくらかは打破できた。役人も民間人とデスクを並べて仕事をしたことは異文化交流にもなって、いい経験になったのではないか。

国家戦略室のスタッフは、東電福島第一原発事故後のエネルギー政策の転換にあたっても働いてくれた。

私が退任した後、野田政権も国家戦略室を引き継いだが、安倍政権は廃止した。こういう組織が残っていれば、新型コロナウイルスへの対応にも、総理のブレーン機能として活用できたはずだ。

†事務次官会議廃止

政権交代直後、民主党政権は事務次官会議を廃止した。「事務次官会議を廃止すると決めた」のが最後の事務次官会議だった。

自民党は、事務次官会議は政府全体の情報共有機関でもあったのに廃止されたため、各省の官僚が職務遂行に必要な他省庁の情報すら得られなくなったと批判した。

私の見るところ、事務次官会議という形式はなくなっても、事務次官同士の情報交換は続いていたはずだ。事務次官が集まることに、私も反対はしない。だが事務次官会議を経なければ閣議には提出されないこと、事務次官会議で了承されたものは自動的に閣議で了承されるという法律にもないシステムはおかしいので、廃止したのだ。

震災を機会に、私は二〇一一年五月に、「東日本大震災各府省連絡会議」として事務次官による会議を復活させた。

さらに野田政権になってからの九月に、国政全般の幅広いテーマを扱う各府省連絡会議として定例化したが、従来の事務次官会議が閣議の前日だったのに対し、閣議後の毎週金曜日に開催した。したがって、閣議付議事項の事前審査機能は持たず、各省庁間の連携・調整のための会議だ。

その後、安倍政権で、「次官連絡会議」と改称されて復活した。

†閣僚委員会の活用

民主党政権になっても、「閣議」の場で活発な議論を交わすことはそう多くなかった。自民党政権でのサイン会的な要素は、残る。

そのことはわかっていたので、政策課題ごとに、関係する府省の大臣が集まり協議する閣僚委員会というシステムを活用するようにした。

これはイギリスの内閣にあったものを参考にした。

†政務三役による政治主導

民主党政権では政務三役によるチームがそれぞれの府省の方針を決めることになった。

最初の問題は人事だった。チームを組むためには、大臣としてはよく知っている議員を副大臣にしたい。また有能と思われる議員も欲しい。大臣が副大臣・大臣政務官の希望を出すことにしたが、その調整が難しかった。

とにもかくにも、各府省で政務三役は動き出した。省によって、また大臣によって、その働き方はだいぶ異なっていたようだ。なかには官僚を排除しすぎだと批判された大臣もいた。政治家の個性なので、ある程度の違いが出るのは当然だ。評価・批判は、その仕事の内容に対して行うべきだろう。

私の内閣では発足直後の二〇一〇年六月八日に、基本方針として「政務三役と官僚は緊密な情報共有、意思疎通を図り、一体となって、真の政治主導による政策運営に取り組む」とした。

民主党政権は官僚を使いこなせなかったと批判されたが、政務三役主体の意思決定を継続し、官僚との連携・役割分担は、それ以前の自民党政権に比べれば、格段に向上した。

さらに言えば、安倍・菅政権の各府省の政務三役がチームとして機能しているようには、まったく見えない。

†政府に入る国会議員の増員

中央省庁の政策立案・決定を与党が実質的に担うためには、政府に入る国会議員の増員が必要だ。

それまでの自民党政権では、政策決定の場が政府と与党に分かれてしまっていた。大臣はそれぞれ役所に入ってしまえば、省内の官僚に取り込まれ「役所の代表」になってしまう。大臣は役所の中に、政治家による「チーム」を作れなかったからだ。

民主党政権は「政策決定を内閣の下に一元化する」ことを目指した。大臣、副大臣、政務官の「政務三役」など、与党の国会議員約一〇〇人を政府の中に送り込み、政治家がチームで政策立案や調整を行うことで「政治主導」の実を挙げようという考えだった。

政府に入る国会議員は、大臣、副大臣、政務官などだが、政権交代前は七三名だったものを、八六名に増員するため、「政治主導確立法案」を二〇一〇年の通常国会に提出した。この法案が通れば総理大臣補佐官は五名から一〇名になったのだが、自民党の賛成が得られる見込みがなく、法案は撤回せざるを得なかった。残念である。

しかし東日本大震災を受けて、復興庁を創設するための「復興庁設置法」が成立し、復興担当大臣と、復興庁に副大臣二名を置くことになった。

二〇一二年の通常国会では「原子力規制委員会設置法」によって、環境省の副大臣と政務官を各一名ずつ増員した。

これらの法律によって、政府に入る政治家の数は五名増員したが、私の感覚では、これではまだまだ少ない。

法律を必要とする改革はできないこともあったが、このように民主党政権では、事務次官会議の廃止、閣僚委員会の積極活用、府省での政務三役からなるチームによる政策決定などによって、内閣を中心とした政治家主導が実現していたのである。

第二章

民主党政権の危機管理

福島第1原発の状況について記者会見し、20キロから30キロ圏内の屋内退避を呼び掛ける菅首相(2011年9月15日午前、首相官邸、共同)

民主党政権の失敗の象徴のように語られる「危機管理能力の欠如」だが、本当に欠如していたのか、三年三カ月の間に起きた三つの「危機」を検証したい。

第一は東日本大震災と東京電力福島第一原発事故であり、「国難」と言っていい大災害だ。地震は突然襲ってきたので、まず即応性が問われた。次に福島第一原発でメルトダウンが起き、どこまで事故が拡大するのかわからないという未知の危機に直面した。

第二が尖閣(せんかく)諸島中国漁船衝突事件である。これは外交上の危機と言える。しかも外交問題にはしないということが求められるもので、微妙な問題を多く含んでいた。

第三が、日本航空の経営破綻だ。これは経済問題であり、交通問題でもあった。我が国最大の航空会社が経営破綻し、明日から飛行機を飛ばせなくなるという状況にまで追い込まれたのだ。日航は自公政権時代に経営危機に陥っており、それを放置してきた責任は自民党にある。民主党政権ならではの解決ができたと思う。

三つの危機のうち、震災・原発事故と尖閣の事件は私の政権時代に起きたものだ。日本航空の経営破綻は鳩山内閣時代に対応したもので、私は企業再生支援機構を所管する副総理の立場で前原誠司国交大臣と協力し、政府内の調整に動いた。

起きた順番では、日航、尖閣、震災となるが、まずは最大の危機だった震災と原発事故を振り返ってみる。

1　東日本大震災と東京電力福島第一原発事故

†「最悪の事態」を想定

自民党はことあるごとに「危機管理能力」を自らのセールスポイントとしてきた。しかし戦後の大災害である阪神・淡路大震災は社会党（現・社民党）の村山富市（とみいち）政権、東日本大震災は民主党の私の政権時に起きたもので、これまで自民党の首相は国難クラスの大地震に遭遇してこなかった（村山政権は自社さ連立政権なので、自民党も政権内にはいた）。コロナ禍は、自民党が初めて直面した国家的危機となり、その危機管理能力が問われている。

原発事故から一〇年の節目を迎えた今年（二〇二一年）、新型コロナウイルス感染症の拡大に対する安倍・菅（すが）政権の対応と比較する形で、当時の原発事故対応が再び注目されることになった。

私の原発事故対応については発災当時の厳しい批判から「相当に頑張った」という一定

の評価へ転じたと感じている。なぜそのように変化したかを振り返れば、コロナ禍における安倍・菅政権の体たらくを国民が目の当たりにした面も大きいのではないか。

私なりに、安倍・菅政権のコロナ禍対応と、民主党政権の震災・原発事故対応を比較すると、最大の違いは「最悪の事態」を想定して対応したか否かである。

†震災直後

大地震と津波、そして原発事故が発生した二〇一一年三月一一日から、総理を退任する九月二日まで、私はひたすら震災と原発事故への対応に追われた。

震災関連死を含め二万二〇〇〇人以上の国民の命が奪われるという「戦後最大級の国難」に直面し、内閣は、地震・津波の被災者救援と原発事故対応の二正面作戦を強いられたのである。

一般に、戦争では二正面作戦は避けるべきだし、それは戦争に限った話ではない。しかし本書執筆中の六月、菅政権は、新型コロナ感染対策と、オリンピック・パラリンピックの開催という二正面作戦をしている。私の場合、地震・津波と原発事故はどちらも起こってしまったので、二正面作戦として対応せざるを得なかったが、オリンピック・パラリンピックは早めに二年間の延期を決定していれば、コロナ対策に専念できたのではないか。

菅政権は二正面作戦を選択した時点で、危機管理能力に問題があると言える。

話を戻すと、原発事故対応を検証する際、これが「二正面作戦」だったこと、地震・津波の対応も同時並行して行わなければならなかったことは忘れられがちだ。地震・津波対応と、原発事故対応とはまったく異なるものだった。地震と津波は発生時が最大の危機で、倒壊した家屋からの救出、避難所への支援が急がれた。

地震については、阪神・淡路大震災や新潟県中越地震などの経験もあり、いつどこで起きても対応できるよう、政府・自衛隊にはそれなりの経験と備えがあった。しかし、原発事故は「起きないことが前提」だったので、備えがなかったことは事実だ。私自身、旧ソ連のチェルノブイリ原発事故について調べてはいたが、日本の原発は技術者が優秀だからあのような人為的な事故は起きないだろうと、甘く見ていた。

事故発生翌日の三月一二日午後、福島第一原発の一号機が爆発した。その後、三号機、四号機、二号機が爆発し、政府は福島第一原発から半径二〇キロ圏内の住民に強制的な避難を指示した。事故から一〇年を経た今もなお、約四万一〇〇〇人の避難者が、いまだ自宅に戻れずにいる。自主避難の方まで含めれば、その数はさらに多いはずだ。

この時の経験を踏まえて言えば、私は危機管理において最も大切なことは「常に最悪の事態を想定する」ことだと考えている。原発事故対応において、この「最悪の事態を想定」した上での行動は、大きく分けて三つの形で表れた。

第一は自衛隊の大規模な出動要請、第二は原発からの避難指示、そして第三は東電の原発からの全面撤退阻止と、政府・東電の統合対策本部の設置である。

†緊急災害対策本部設置

震災が発生した三月一一日午後二時四六分、私は参議院の決算委員会に出席していた。東京もかなり揺れたので、すぐに休会となり、私は首相官邸へ向かった。

震度六以上の地震が起きた場合は、自動的に官邸対策室が立ち上がることになっている。内閣危機管理監のもと、各省庁の局長級が参集され、緊急対策チームが構成される。このときもマニュアル通りに、官邸に各省庁から集まっていた。

官邸に着くとそのまま地下の危機管理センターに直行した。午後三時一四分に会議が始まり、「緊急災害対策本部」の設置を宣言した。地震発生から二八分後だった。

まず「自衛隊は最大限の活動をする」ことを北澤俊美(としみ)防衛大臣に指示した。阪神・淡路大震災(一九九五年一月)の際、さきがけ(当時)の政調会長として政権与党の側にいた私は、当時の村山政権が「自衛隊の出動が遅れた」と批判されたことを覚えていた。この時点では原発の危機的状況はまだ認識されていなかったが、すでに地震と津波によって、想像を絶する数の国民の生命が脅かされていたので、自衛隊には最大限の活動をしてもらおうと決めたのだ。

北澤大臣はまず、すぐに出動可能な二万人の出動命令を出し、発災翌日の一二日には五万人、さらに一〇万人と態勢を拡大していった。一〇万人と言えば、自衛隊全体の半数に近い人数だった。

「自衛隊一〇万人」態勢をとるにあたっては、一二日午前に私が福島第一原発にヘリで視察に向かった経験が、大いに役立った。

†福島第一原発への視察

ヘリ視察をめぐっては、当時「首相の視察が現場を混乱させた」と大きな批判を受けたので、少し話がそれるが、改めて当時の意図を記しておきたい。

福島第一原発は津波をかぶって非常用のディーゼル発電機が使えなくなり、原子炉を冷却してメルトダウンを防ぐための全電源を喪失した。格納容器内の圧力が異常に上昇したため、東京電力は当時官邸に詰めていた武黒一郎フェローを通じて、原発の格納容器の弁を開放して中の圧力を下げる「ベント」を実施したいと申し出てきた。海江田万里経済産業大臣は、翌一二日午前一時に東電にベントの指示を出した。私も異論はなかった。

ベントの指示をした時点では「二時間ほどで準備ができる」ということだったので、午前三時にはできるのだなというのが、私や海江田大臣の認識だった。しかし、三時を過ぎても、東電から「ベントが始まった」という報告がいつまで待っても来ない。できない理由を質しても、何ら回答が来ない。

ベントとは格納容器内の放射性物質を人為的に外部に放出することであり、周辺住民を被曝の危険にさらす。どの範囲までに避難指示を出すべきか否かを、政府として判断しなければいけない。だが、東電からも経済産業省の原子力安全・保安院からも、判断の基となる情報が何も上がってこなかったのだ。そこで私は、現地の責任者と直接話をしなければならないと考え、短時間でも現地に行こうと決めた。

この時、枝野幸男官房長官は「政治的に批判される」と視察を止めるよう進言してくれた。最高責任者である総理が官邸を離れるとは何事だという批判が出ることは、私も予想していた。ただ、私は自分自身への批判は、まったく気にならなかった。原発事故の状況の確かな情報を得ることの方が、私の評判が落ちることなどよりずっと大切だった。

もうひとつ、私が視察中に原発が爆発すれば、私自身が負傷・被曝する恐れもあった。総理である私が被曝してしまい、政府の事故対応に大きな影響を及ぼす可能性もゼロではなかったことは、考慮すべきだったかもしれない。しかし、一号機がメルトダウンを起こしていたことは後から判明したことで、この時点ではまだそこまでの事態とは考えられていなかったのだ。

当時の批判には、視察そのものには理解を示しつつ「なぜ自分で現場に向かったのか。他の誰かに視察を指示すべきだったのではないか」と指摘するものもあった。それも一理ある。私が自分で行こうと決めたのは、当時の官邸の政治家で、理系の大学出身で多少なりとも原子力に対する一定の知識があるのは私だけだったからでもある。また、これから子供を持つ可能性もある若い政治家を、放射線量が高いと見込まれる場所に送り込むことはできない、との判断もあった。

これは責めているわけではないのだが、官邸の政治家、秘書官などが抱いていた危機感と、私が抱いていた危機感に温度差があったように思う。原子力と原発の知識がない人は、冷却できなくなったことの意味するものが、瞬時にはわからない。私は瞬時に「日本が壊滅するかもしれない」と考えたが、そこまでの危機感は共有できなかった。

政治家や秘書官、文系の官僚が原子力や原発をよくわからないのは仕方がない。だが、東電から来ている武黒フェローや原子力安全委員会の班目（まだらめ）春樹委員長のような専門家からも、強い危機意識は感じられなかった。

本当のところ、原発はどんな状態になっているのか。行ってみなければわからない。わからなければ何も決断できない。それが視察の動機である。「最高指揮官は動いてはいけない」という考え方があるのも理解するが、時と場合によるだろう。

別に私は英雄主義的に危険な場所に出向いたわけではない。私としては、きわめて実務的な「現場の状況の把握」のための視察だった。

行ってみて、福島第一原発の吉田昌郎所長と直接話ができたことが、その後の原発事故対応に大きく役立ったことは間違いない。これは現在でも自信を持って言える。

アメリカの原子力規制委員会（NRC）のチャールズ・カストー氏は、原発事故がまだ危機的な状況にあった三月一六日に来日し、日本政府に助言してくれた人だが、事故から一〇年目の一連の検証記事のなかで、一二日の私の視察について述べていた（「東京新聞」夕刊、五月一三日）。一九七九年のアメリカのスリーマイル島原発事故の時、ジミー・カーター大統領が現場を訪問したのは危機が終わりに近づいた段階だったため、カストー氏は私が視察したのが翌日だったことに、当初は早すぎると懸念を抱いたそうだ。

だが日本へ来て、原子力安全・保安院がまったく機能していないことを自分の目で確認した上で、私の行動にも一定の理解を示し、「情報収集も事故対応もうまくいかない状況に首相は落胆し、不満を募らせ、現場に赴く必要があると考えた。スリーマイルの時に学んだのが、政府のトップは現場の実態を把握する『目と耳』を必要とすることだ」と語っている。第三者はこのように評価しているのである。

†自衛隊一〇万人

原発の視察ばかりに焦点が当たったため、あまり知られていないかもしれないが、この原発視察の後、さらにヘリで北上して上空から津波の被災地を視察した。海岸沿いは津波によって海と陸の区別がつかなかった。まさに、言葉を失った。

実は発災初日は、原発事故についてだけでなく、地震・津波の被害状況も情報として十分に得られていなかった。町や村の役場が被災して、通信が途絶したところも少なくなかったからだ。マスコミが報じていた映像をテレビで見て、大変なことになったと感じてはいたものの、大画面テレビでも、それはある部分を切り取った映像でしかない。

上空から自分の目で三六〇度の視界で凄まじい被害の実態を目の当たりにしたことによって、自衛隊の出動指示を拡大することに躊躇がなくなった。

官邸へ戻るなり、私は北澤防衛大臣に自衛隊五万人の出動を指示し、無理を承知で「さらに人員を増やしてくれ」と頼んだ。北澤大臣は防衛省幹部と協議し、一三日には「最大限可能な数」として一〇万人の動員を決定した。

派遣部隊の規模は、ピーク時で最大約一〇万七〇〇〇人、延べ人員では約一〇五八万人に達した。さらに、予備自衛官と即応予備自衛官を、一九五四（昭和二九）年の制度創設以来、初めて訓練以外で招集した。

その結果、一万九二八六人の人命を救助できた。残念ながら、九五〇五体の遺体を収容することにもなった。さらに最大約一〇〇ヵ所で五〇〇万五四八四食の給食支援、最大三五ヵ所で一〇九万二五二六人の入浴支援を行った。

これらは自衛隊を一〇万人規模で派遣できたからこそ可能だった。

自衛隊派遣要請と同時に、緊急災害対策本部では、三月一一日の段階で政府調査団を宮城県に派遣し、翌一二日には宮城県庁内に緊急災害現地対策本部を設置した。

大混乱の最中にある被災地では、現地対策本部に担当副大臣・政務官が常駐し、各省庁を束ねる「ミニ政府」（各府省から総勢六〇～七〇名）として機能した。

現地対策本部が常に被災地の生の声を聴き、中央政府と折衝しながら、現地で政治判断・政策判断を下す仕組みを作ったのだ。これも中央のマスコミは知らなかったのか、報じられることは少なかったかもしれない。

なお、避難者数は震災一週間時点で三八万六七九三人に上ったが、一ヵ月時点で一四万七五三六人に、五ヵ月時点では四万二七四四人まで減少した。

応急仮設住宅については八月一一日時点で四万七一七〇戸が完成し、民間賃貸住宅の借り上げによる、いわゆる「みなし仮設住宅」を含めると九万七〇一一戸を確保した。

この他にも、国家公務員宿舎等を八一六三戸、公営住宅等を六六七一戸、被災者の二次避難に供するなど、最大限の取り組みを行った。

「我々の対応は完璧だった」とまでは言わないが、「民主党政権は何もやらなかった」というのは大きな間違いで、かなり迅速に対応していたのである。

†被災者の視点に立った情報発信

東日本大震災においては、過去の災害時と比較して、インターネット等、情報通信機能が著しく進化しているという特徴があった。そうしたなか、様々な状況にある被災者に的確に情報を届けるために、最も伝統的な紙媒体からネット等の最新手段まで、多様な媒体を駆使して情報発信に努めた。一例をあげてみる。

①壁新聞：被災者に伝えたい特に重要な情報をコンパクトに紙にまとめ、各避難所の他、郵便局・JA・スーパー・コンビニ等に掲出。
②ハンドブック：各種支援策・特例制度等を、「生活支援ハンドブック」、「生活再建・事業再建ハンドブック」、「税制支援ハンドブック」などの冊子にまとめ、避難所やコン

ビニ等で配布。
③震災情報「官邸発」：三月二八日から六月二〇日までほぼ毎日、ラジオ各局の番組に枝野内閣官房長官をはじめ政府担当者が直接出演し、震災情報を伝えた。
④官邸災害情報Twitter：首相官邸の公式アカウントを用いて災害情報を発信。多くのフォロワーを通じ影響力を発揮した。

情報発信においては、「不確かな情報は発信しない」「隠さない」の二つを原則とした。この「不確かな情報は発信しない」ということが、場合によっては「政府は隠している」と受け取られたこともあったが、日本国政府としての公式発表となるので、確認できないことは、発表できなかった。意図的に「隠した」ことはない。

地震・津波への対応は、政府が一丸となって取り組めた。事前に想定して準備できていたことも多かった。

だが、まったく未知の危機への対応となったのが、原発事故だった。

†「やり過ぎてもいい」と避難指示を決断

「常に最悪の事態を想定する」決断は、自衛隊の大規模出動だけではなかった。

もうひとつの大きな決断は、原発周辺の住民への避難指示だ。

自衛隊出動とはまた違った意味で、これも重い政治判断だった。自衛隊出動は「国民を守るために政府の組織を動かす」ことだが、避難指示は住民の生命を守るためである一方で、家と土地の所有権を取り上げるわけではないが、ある期間、住めなくなるので、居住権を奪うことになる。

原発は大津波を受けて全電源を喪失して冷却不能になり、格納容器内の圧力が上昇し、その爆発を避けるためにベントを行う必要があった。放射性物質を外部に放出する以上、周辺住民を避難させなければならない。まず発災当日の一一日午後九時二三分、福島第一原発から半径三キロ圏内の住民に避難指示を出した。

ところが、ベントはなかなか始まらなかった。当然、原発の危険性は、それだけ増したことになる。翌日の一二日午前五時四四分、視察へ出発する直前に、原発から半径一〇キロ圏内に避難指示区域を広げる指示を出した。

さらに、この日午後三時三六分に起きた一号機建屋の水素爆発を受け、半径二〇キロ圏内まで避難指示の範囲を広げた（このほか、福島第二原発についても段階的に避難指示を出しているが、ここでは割愛する）。後述する「東電の撤退阻止」を行った一五日にはさらに、第一原発から半径二〇〜三〇キロ圏内の住民に屋内退避指示も出した。

原発事故の避難をめぐっては、事故に備えて事前に避難や屋内退避のための対策を取る「防災対策重点地域（EPZ）」という指針があったが、それは原発から半径八〜一〇キロとされていた。二〇キロという大きな範囲での住民避難は、当時まったく想定されていなかった。原発の「安全神話」にどっぷり浸かっていたためである。

しかし、計画がないからと言って、住民を避難させないという選択肢はあり得ない。避難のオペレーションは枝野官房長官、福山哲郎官房副長官が中心になってまとめていったが、この時の私たちの共通認識は「やり過ぎてもいいから大規模に」であった。

結果として避難の過程で、渋滞や避難施設が満員のため時間がかかり、多くの病気のある方やお年寄りが亡くなった。心から申し訳なく思っている。社会的に弱い立場の方に、より大きな犠牲を強いることになってしまった。

避難指示の範囲については、逆の方向からの批判も強かった。つまり「もっと広い範囲に避難指示を出すべきだ」というものだ。たとえば米国は、日本に住む米国民に対し、原発から五〇マイル（八〇キロ）圏内からの退避を指示していたし、東京の大使館を閉鎖して、関西への移転を始める国も相次いでいた。

だが、先祖代々その土地に住み、家屋だけでなく田畑など生計を立てる手段がその土地と結びついている住民と、外国籍の住民とでは立場も事情も異なり、同列には論じられない。

また、一度に広い範囲に避難指示を出すと、原発から遠い地域の住民が先に避難を始めることで渋滞などが発生し、より近い地域の住民が逃げ遅れる恐れもある。避難指示の範囲はこうしたことも勘案して決めていかなければならない。原発が今にも爆発するかどうかというぎりぎりの状況での判断だった。

避難指示に関してはもうひとつ、SPEEDI(スピーディ=緊急時迅速放射能影響予測ネットワークシステム)問題がある。このシステムを十分に活用できず、結果として一部の住民を放射線量の高い地域に避難させてしまった。

SPEEDIについて「情報隠蔽」という批判もあったが、その意図はなかったことは改めて強調しておきたい。事故当時、私も官邸のスタッフも誰もSPEEDIの存在を知らされていなかった。隠すも何も、知らなかったのだ。

もちろん、「知らなかったこと」、「文部科学省が官邸に情報を届けなかったこと」も、総理大臣として、霞が関の情報を十分に吸い上げることができなかった私に責任はある。だが情報隠蔽の意図はまったくなかったことは、ご理解いただきたい。

「最悪の事態を想定した決断」で最も重かったのは、東電の原発からの全面撤退を阻止したことだ。

自民党から「やり過ぎ」批判が出るほど自衛隊を大規模に投入したのも、多くの住民に避難を指示したのも、この震災と原発事故が「最悪の事態」に至る可能性を認識していたからだ。

†東電の原発撤退を阻止した理由

原発事故対応そのものについては、政治家や自衛隊の力だけではどうにもならない。原発は、原理的には広島、長崎の原爆と同じで、核分裂反応により発生する熱を制御して発電に使う特殊な装置である。自衛隊がいきなり行っても、原発のプラントの知識もないし収束させる方法もわからないので、何もできない。日頃から原発を扱っている技術者でなければ事故対応は不可能である。福島第一原発の現場で苦闘する東電や関連会社の作業員たちが、死に物狂いで頑張ってくれなければどうにもならないのだ。

だから、一二日の原発視察の際に吉田昌郎所長が「決死隊を作ってでもやります」と言ってくれたことは、本当に心強かった。

過酷な環境にもかかわらず、現場の士気は高かった。だが、原発の状態はその後も悪化の一途をたどった。

そして一四日夜、東京電力の清水正孝社長が「原発からの全面撤退」を枝野官房長官と海江田経産大臣に電話で申し入れてきた。この申し入れについて清水社長は後に否定しているが、枝野、海江田両氏がそんな話をでっち上げる理由がない。「全面撤退したい」と申し入れがあったことは間違いない。

一五日午前三時ごろ、官邸内で仮眠をとっていた私は起こされ、海江田大臣から東電が全面撤退したいと言ってきたと伝えられた。大臣たちで協議したが結論が出ず、私の判断を仰ごうというわけだ。枝野長官や福山副長官らも交えた会議が始まった。

私の肚は決まっていた。あの時点で原発からの撤退を認めないことは、民間企業の人間に対し、人命の損失も覚悟して事故対応にあたるよう命じることを意味する。戦後の民主主義体制では、国家が民間人に対して本来の意味で「命を懸けよ」と命じる権限はない。民間企業である東電の社長が、従業員を危険な場所から避難させたいと考えるのも当然だ。海江田大臣や枝野長官が悩むのも、当然である。

しかし私はこう理解していた。福島県には、事故を起こした福島第一原発には六基、第二原発から南に一〇キロほどのところにある第二原発に四基、計一〇基の原子炉がある。もし東電が撤退して現場を放棄すれば、第一原発の四基は爆発する。そうなれば、第二原発からも避難しなければならず、合計一〇基の原子炉と一一の使用済み燃料プールが、遠からずすべて制御不可能になる。

化学工場の火災では、爆発直後はとても手がつけられないので一時的に撤退し、火が弱まったら再出動して消火する考え方もありえる。だが原発は爆発して放射性物質が飛び散れば、何十年、何百年と戻って来られない。「一時的な撤退」は考え方としてありえないのである。

原発を操作できる東電の技術者が全員撤退すれば、早ければ数週間、遅くても数カ月の間に、すべての原発と使用済み燃料プールがメルトダウンし、膨大な放射性物質が放出されることになるだろう。それが何を意味するのか。

原発から半径二五〇キロ圏内の住民が避難を余儀なくされ、東京を含む東日本に今後半世紀かもっと長く人が住めなくなる。そういう事態が現実のものとなる。

小松左京のSF小説『日本沈没』では日本列島が沈没するためすべての日本人が脱出するが、それに近い事態だ。半径二五〇キロ以内には首都圏のかなりの部分が含まれ、総計約五〇〇〇万人が暮らしている。官公庁はもちろん、大企業の大半の本社もある。それらを数週間で避難させることなど不可能である。

私には「危険なので撤退させる」という選択肢は考えられなかった。

清水社長を官邸に呼び「撤退はあり得ない」と告げた。そして同時に、政府と東電が一体となった「統合対策本部」を設置することも提案した。清水社長はその場で「わかりました」と了解した。

†統合対策本部

政府と民間企業である東電とが統合対策本部を作ることは、通常では法律的にありえない。しかし、原子力災害対策特別措置法に、緊急事態宣言を発した場合は対策本部長である総理大臣には「原子力事業者（この場合は東電）に必要な指示をすることができる」とあるので、それを法的根拠として実行した。

一五日午前五時半過ぎ、私は内幸町の東電本店に乗り込み、そこにいた約二〇〇人の社員を前にこう告げた。

「皆さんは当事者です。命をかけてください。逃げても逃げ切れない」「金がいくらかかっても構わない。東電がやるしかない。日本がつぶれるかもしれないときに撤退はあり得ない。会長、社長も覚悟を決めてくれ」

吉田所長をはじめとする現場にいた東電社員たちは、清水社長が「撤退したい」と申し出ていたことを知らないので、私が「撤退はありえない」と言ったことの意味がわからず、反感を抱いたと伝えられているが、この発言は、ここに説明したような背景があった。

東電はこれまで、「原発からの撤退を政府に求めたこと」を公式には認めてこなかった。国会の東京電力福島原子力発電所事故調査委員会（国会事故調）が二〇一二年にまとめた報告書でも、東電の撤退問題は「官邸五階（私やほかの政治家ら）と東電との間で認識が一致していない」などという、東電の言い分に配慮したまとめ方になっている。

しかし、原発事故から一〇年を迎えた今年（二〇二一年）三月に放送されたNHK ETV特集『原発事故〝最悪のシナリオ〟〜そのとき誰が命を懸けるのか〜』を見て、私は驚いた。東電の勝俣恒久会長が自衛隊幹部に対し「原子炉の管理を自衛隊に任せる」と発言したことが報じられたのだ。この報道で、当時の東電本店に原発からの全面撤退の意思があったことは、もはや疑いがなくなったのではないか。

もう一度断っておきたいが、私は清水社長の全面撤退の意思それ自体を批判するつもりはない。一民間企業である東電の社長が、社員の命を危機にさらすようなことはできないと判断するのは、ある意味で当然である。社長は社員の安全を考えるのが役目だからだ。

しかし、この時点で私は日本という国全体を預かっていた。東電と同じ立場でものを考えることはできないのは当然のことだ。

†テレビ会議システムの存在も教えない

東電本店に乗り込んだ時、驚かされたことがある。本店二階にあった対策本部のオペレーションルームは、吉田所長ら福島第一原発の現場と、テレビ会議システムでつながっていたのである。これなら吉田所長ともリアルタイムで話すことができるし、原発の現場の状況も相当程度は把握できる。だが、私が福島へ行くと東電に伝えた際、東電からは「本店に来てくれればテレビ会議システムで現地とつながっている」との説明すらなかった。

これだけしっかりとしたテレビ会議システムがありながら、なぜ現場の状況が東電本店や原子力安全・保安院を通じて、官邸にいる私たちのもとにまともに届かなかったのか、本当に理解に苦しむ。

「情報を的確に吸い上げられない官邸政治家の未熟のせい」と言われればそれまでかもしれない。だが、ここまで来ると「届けない側の責任」がまったく問われないのはおかしい。よく『「イラ菅」を恐れて情報を上げられなかった』といった批判をいただく。そういった批判は甘んじて受けるが、あの一刻を争う緊急事態において、いくら総理が「イラ」だからといって、本来自分がなすべき仕事が行えず、必要な情報を上げられないような人は、そういう責任ある立場に立つべきではなかったのではないのか。

ともかく、こうした経緯を経て政府・東電の統合対策本部は発足した。細野豪志首相補佐官が東電本店に常駐するようになると、情報がほぼリアルタイムで官邸の私のもとに届くようになった。その後は政府と東電だけでなく、支援に駆けつけてくれたアメリカの関係者との間でも情報共有が進んだ。

アメリカの原子力規制委員会(NRC)のカストー氏は、前述の「東京新聞」のインタビューで、「原発の危機の封じ込めのポイントはどこにあったと考えるか」という問いに対し、「鍵は、政府が東電と(三月一五日に事故対策統合本部という)統一の指揮系統を作ったことにある。事故対応のためにすべての当事者を一つの組織に束ねたことだ」と語っている(夕刊、六月一〇日)。アメリカ側は当時の日本政府の過酷事故対応について、正確に評価している。

†「官邸の介入」は過剰だったのか

ヘリでの現地視察や自衛隊一〇万人体制、東電の撤退阻止に至るまで、当時は野党やメディアから多くの批判があった。避難指示については「過大」「過小」と両方からの批判があった。

このほか「原子炉への海水注入の中断を菅首相が指示した」というものもあったが、ここでは取り上げない。現在では安倍晋三前首相によるデマであることが明確になっているためだ。興味のある方は、私のホームページ（https://n-kan.jp/）の「「福島原発事故」特設ページ」をお読みいただきたい。

これらの批判の理由は、おおむね「官邸の過剰介入」という言葉に集約される。「理系出身で原発に『土地勘』があると自負する菅首相が、本来霞が関の各省庁や東電に任せるべき現場の対応に細々と介入し、結果として現場を混乱させた」というものである。

事故翌年の二〇一二年七月に公表された政府事故調（東京電力福島原子力発電所における事故調査・検証委員会）の最終報告書は、事故対処についての官邸の関与に関し、以下のように指摘している。

「すぐれて現場対処に関わる事柄は、まず、現場の状況を最も把握し、専門的・技術的知識も持ち合わせている事業者がその責任で判断すべきものであり、政府・官邸は、その対応を把握し適否についても吟味しつつも、事業者として適切な対応をとっているのであれば事業者に任せ、対応が不適切・不十分と認められる場合に限って必要な措置を講じることを命ずるべきである。当初から政府や官邸が陣頭指揮をとるような形で現場の対応に介入することは適切ではないと言えよう」

しかし私としては、東電が「事業者として適切な対応をとっている」とは思えなかったので、日本を救うために乗り出さざるを得なかったとの思いがあり、当時の官邸の行動を「過剰介入」の一言で片付けられることに対しては、違和感を持つ。

こうした批判は「平時」の発想から来ているのではないか。

確かに平時であれば、首相が民間企業の判断に口を挟むべきではない。だが、原発が危機的な状況に陥り、民間企業たる東電は自社の従業員を守るために原発からの撤退を選択しようとした。その結果、原発から半径二五〇キロ圏内の住民五〇〇〇万人が避難を余儀なくされ、東京を含む東日本に、今後五〇年以上も人が住めなくなる事態が想定できた。

そういう事態を前にした時、国家を預かる首相として、それを見過ごすことはできない。国家的危機におけるギリギリの判断を、民間企業にやらせてはいけない。官僚が法律の条文を見ながら下せるものでもない。首相が自らの責任でやるしかない。

東電の事故対応が適切であったとしても、政治が介入しなければならないことはあるはずだ。だから私は東電本店に乗り込み、清水社長だけではなく多くの東電社員を前に直接「撤退はあり得ない」「命をかけてほしい」と訴えたのである。

†震災対応の組織構成

震災対応をめぐっては、政府内の組織構成について、「本部が乱立し指揮命令系統が混乱している」といった批判もあった。

五月九日付で政府内の震災対応組織を、緊急災害対策本部と原子力災害対策本部の二本部に集約するまでは、組織構成が複雑でわかりにくいという状況は確かにあった。

しかし重要なことは、実際にその結果として必要な対応が滞ることがあったかどうかである。災害対応の責任者としては、次々と生じる課題に対して、取り得る手段をすべて取り、迅速に対応しなければならなかった。

「3・11」は地震・津波と原発事故の複合災害であり、まったく性質の異なる様々な課題に同時並行的に対処せねばならず、課題ごとに、関係省庁等を集めた会議等を次々と設置することは避けられなかった。むしろそうしなければ、既存組織の間の隙間に落ちてしまい、必要な対応ができなかった課題も出ていた可能性もある。

†第一次補正予算、第二次補正予算

救援や避難生活の支援と並行して、復旧・復興を目的とした補正予算の編成にもすぐに取り組んだ。年度開始直後の四月に第一次補正予算、七月には第二次補正予算を編成した。これは従来の自公政権ではあり得ない、異例かつ迅速な対応だった。

復旧・復興対策の財源については将来世代に先送りせず確保する方針を定め、震災対応

と財政健全化という二つの課題の両立を図った。四月に復興特別税を提起し、一一月に復興財源確保法などが国会で成立し、二〇一二年から導入された。復興特別所得税は、二〇三七年まで二五年間、課税される予定だ。

二〇一一年八月には中期財政フレームを改訂し、震災対応は別枠としつつ、それ以外の財政規律を維持した。

†危機管理の要諦①――「最悪」を常に想定する

ここで、私が経験に基づいて考える危機管理の要諦について述べたい。

NHK BSプレミアムで映画『日本沈没』(一九七三年版)が放映され、見直す機会があった。改めて原発事故の「最悪のシナリオ」をまざまざと思い起こした。

原発事故が発生した当初から、私は全国民が海外に移住しなければならなくなる『日本沈没』をイメージしていた。

事故対応が初期の「最悪の危機」から若干の落ち着きを見せ始めた三月二二日ごろ、私は細野豪志(ごうし)首相補佐官を介して、内閣府原子力委員会の近藤駿介(しゅんすけ)委員長に対し「最悪の事態が重なった場合、どの程度の範囲が避難区域になるのか」についてシミュレーションを依頼した。二五日、近藤委員長から「福島第一原子力発電所の不測事態シナリオの素描」という文書が届いた。後にメディアなどで「最悪のシナリオ」と呼ばれているものである。

文書は「水素爆発で一号機の原子炉格納容器が壊れ、放射線量が上昇して作業員全員が撤退した」との想定で書かれていた。これまで見てきたように、もし東電の撤退を阻止しなければ、実際にあり得たかもしれない想定である。

文書には、二号機、三号機の原子炉の注水による冷却ができなくなり、さらに一号機から四号機の使用済み核燃料プールから放射性物質が放出されるという「最悪の事態」が発生した場合は、「原発から半径一七〇キロ以上」の地域は強制的な避難が必要になり、さらに希望者の移転を認める区域は「東京都を含む半径二五〇キロに及ぶ可能性がある」とも書かれていた。この二五〇キロ圏内には首都圏が含まれ、約五〇〇〇万人が住んでおり、その数の人々の避難だけでなく、皇居や国会、首相官邸、官庁などの首都機能移転を考えなければならない。一歩間違えば、これは現実に起きたかもしれない事態だったのだ。

この「最悪のシナリオ」が届いた二五日は、最悪の危機は脱したと思われた頃で、これに基づいて対応方針を決めたわけではない。私としては、事故発生直後に漠然と想定した『日本沈没』に近い状況になるという危機感が、専門家によって科学的に裏付けられた思いだった。同時に、やはりそうだったのかと改めて背筋が凍りつく思いだった。後で知ったことだが、福島第一原発の吉田所長も、ほぼ同様の見通しを持っていたという。

国内で事故対応にあたる私や吉田所長だけではなかった。当時、米国の原子力規制委員会（NRC）をはじめとする専門家たちが、同様の「最悪のシナリオ」を想定していたことが、原発事故から一〇年が経過して発表された各種再検証から明らかになっている。私や吉田所長が直感的に抱いた危機感が、日米の複数の科学者による計算に基づくシミュレーションで、実証されたことを意味する。

米国は原発から二〇〇マイル（約三二〇キロ）圏から、すべての米国人を避難させることを検討していた。三二〇キロ圏と言えば、第七艦隊の母港がある神奈川県横須賀市も含まれる。たとえ一時的にせよ、第七艦隊を撤退させることになれば、米国の世界戦略にも極めて重大な影響が出ることが懸念されていたのだ。

こうした「最悪の事態」をあらかじめ想定した上で「そうならないようにするためにはどうしたら良いか」という観点でひとつひとつの判断をする。それが、危機管理における政治リーダーにとって、最も大切なことだと考える。楽観的な見通しを前提に対策を考えれば、事態が想定より悪化した時に的確な対応ができず、その場その場で、後追いの対応をすることになる。

振り返れば、原発事故対応における最大の危機は、三月一四日から一五日にかけての夜、東電の清水正孝社長が原発からの撤退を打診してきた時だった。

　東電の撤退を許した場合の「最悪のシナリオ」を想定できていなかったら、東電社員が命を落とす可能性を覚悟した上で撤退を止める判断に躊躇したかもしれない。その結果、「東日本全体から五〇〇〇万人の避難」という、日本がつぶれかねない事態を招いたかもしれない。

「最悪のシナリオを想定する」ことは、そのくらい重要であり、私はその認識を持っていた。

†危機管理の要諦②――責任を持ち「決断」する

　危機管理における政治リーダーの役割について、私がもうひとつ重視したことは「野党も含む多くの知恵を借り、その上で首相自身が責任を持って決断する」ことだ。

　たとえば、原発事故における最大の私権制限となった避難指示について、その範囲をどう定めるか。こうしたことについては、必ず、班目(まだらめ)原子力安全委員長をはじめとする専門家の知見を求め、その上で判断するようにしていた。

　残念ながら、特に発生当初は、東京電力や経産省の原子力安全・保安院から適切な情報が上がってこないことに苦しんだ。そこで、東芝や日立といった原発のメーカーの社長や、政府の外にある専門家にも何人か官邸に来てもらい、助言を依頼した。

　また、震災と原発事故は一つの内閣で対応するには手に余るほどの「国難」であり、私自身を含めて政権担当の経験が少ない当時の民主党だけの力で対処するのが無理なこともよくわかっていた。震災と事故の翌日の一二日に野党各党との党首会談に臨み、原発事故対応や被災者支援への協力を求めた。なかでも野党第一党の自民党の谷垣禎一総裁に対しては、かねて親交のあった同党の加藤紘一元幹事長を通じて、副総理兼防災担当大臣としての入閣、いわゆる「大連立」も打診した。この国難級の事態に対処するためには、政権運営の経験が豊富な自民党と力を合わせるしかないと考えて行動したのだ。

　しかし、谷垣総裁と二人だけで会いたいとの要望も受け容れられず、政権延命のためではないかと政局的に受け取られ、大連立は実現しなかった。このことは今でも残念に思う。

　ただ、ここで強調しておきたいのは、多くの立場の方々からの知見を集めることは大事だが、それを受けて政府としてどんな行動を取るのか、最後に責任をもって「判断」するのは首相の役目だ、ということだ。

　避難指示にしても、東電の撤退阻止にしても、多くの国民に負担をかけることになる。こういう決断の最終責任を専門家に負わせてはいけない。首相が自ら判断し、政治家としてすべての責任を負うものだ。

裏を返せば、その判断ができない人は、首相としての資格はない。

†国会で菅義偉首相の危機意識を質す

二〇二一年二月二二日、私は久々に衆院予算委員会での質疑に立ち、菅義偉首相に直接質問する機会を得た。良い機会なので「危機管理における首相のあり方」を、私なりに質した。国会の議事録から引用する。

まず「コロナという問題と原発事故という問題は、性格は非常に違う。しかし、危機管理とか緊急事態という面で見ると、共通の面もあると思う。福島原発事故が起きた時に最初に頭に浮かんだのは、小松左京の『日本沈没』だった。日本中から人々が逃げ出さねばならなくなる、それが頭に浮かんだ。当時の原子力委員長の近藤駿介氏に、政府関係者から、最悪の状況でどういうことが予想されるのか、提言をしてもらった」と述べたうえで、菅義偉首相にこう質問した。

「今回のコロナ、もう官房長官時代から大変ご苦労されていると思うんですが、そして総理になられて、どういう最悪の場合を想定され、そしてそれに対してどうするか、まずその基本的な総理の考え方をお聞かせください」

それに対する菅義偉首相の答弁はこうだった。「まず、最悪を想定するというのは、危機管理の要諦だと思っています。一国の総理として、そのような事態も含め、さまざまなことを想定して対策を検討する、ここは当然だというふうに思っています」「最悪の事態、さまざまなことが考えられるというふうに思います。たとえば変異種の問題などさまざまな問題の中で、そうした最悪のケースを含めて事態を想定した上で検討していることも事実であります」

菅義偉総理は、国会での質疑でも記者会見でも、質問にストレートに答えることは少ない。このときもそうだったので、「コロナ危機に対して最悪の状況をどう考えていたのか。経済対策ではなくて。そのことについて、もうちょっと明確な何か、当時からお持ちの考え方があれば、あるいは今お持ちの考え方があれば。最悪の状況をどう想定されているのか」と再度質した。

すると、「最悪の場合につきましては、今申し上げましたけれども、今私どもが想定をできないようなそうした事案がまた新たに発生をした場合、それに対して、さまざまな専門家の皆さんの意見を参考にしながら、また各国の意見、行動を参考にしながら対応策を取っていくという、ここが自然なことだと思います」と、同じようなことを繰り返すだけだった。

原発事故にあたり私が考えたのは、「最悪の場合には事故がどこまで拡大し、どの範囲を避難区域にしなければならないか」だった。福島第一原発には六基、第二は四基あり、これがすべてメルトダウンしたらどうなるか、私なりに考えてみると、首都圏も危ないという結果が出た。もちろん、私の持っていた知識だけでの予測だ。しかし、とんでもない被害となる可能性があると認識した。それが事故対応の出発点だ。そのときの個人的な予測は、後の原子力委員会の近藤委員長のシミュレーションに近かった。

だが、安倍・菅義偉政権には、「最悪の事態」をどう想定していたのかが、まったく見えない。パニックになるから公表できないというのでもないようだ。考えていないのだ。未知のウイルスとの闘いなので、わからない点が多いのは事実だが、政権として危機の全体像をイメージできていないから、対応も場当たり的になる。

この質疑で菅義偉首相は「最悪の事態」として「変異株が発生してワクチンが効かなくなる」ことを挙げた。しかし、それはコロナ対応に当たる中で新たな事態が生じ、それにどう対処するか、という話でしかない。コロナウイルスの蔓延が最悪の状況に至った場合、日本の社会や経済がどうなるか。それを避けるために何をしなければならないか。そうしたことに対する決意や覚悟は、菅首相の口からはまったく聞かれなかった。不満の残る答弁だった。

「新たに何か起きた時のことをいろいろ言われていますけれども、もう一年間、いろいろな国でいろいろなことが起きて、日本でも起きているわけで、そういう中で、ここまでのことが起きる可能性があるけれども、それに対してはこうするんだ、そういう意味での最悪のシナリオが、残念ながら今の菅政権あるいは菅総理には見えない、そこが非常に大きな問題だと思っております」と言って、この質問は終えた。

†野党の協力

もうひとつ、私が気になっていたのは、コロナ禍が発生してから、安倍首相も菅首相も野党党首との党首会談に極めて消極的だということだ。党首会談はセレモニーの要素も強いが、与野党の壁を乗り越えて国難に当たっていこうと確認することは、国民へのメッセージとしても重要だ。なぜ、政権のほうから野党に呼びかけないのか、不思議である。

東日本大震災の時は、前述したが地震発生翌日の三月一二日午後に与野党党首会談を開いている。この党首会談は各党の党首と順番に会った。午後三時に始まり四時過ぎに終えて、総理執務室に戻った直後に一号機が爆発したとテレビが報じたのである。そういうタイミングで私は野党の党首に協力を求めていた。与野党党首会談では具体的に何かを提案したり決めたりしたわけではないが、当面は国会を考えずに対応に専念できたし、与野党の議員も立場は異なっても協力していこうという意識を共有できたと思う。

私は菅義偉総理に「立憲民主党の枝野代表は、原発事故当時は官房長官としていろいろな経験をいたしている。野党のそういう代表的な人の話を聞いてみてはどうか」と質してみたが、「国会内に政府・与野党連絡協議会が設置され、定期的に意見交換していると承知している」との答えだ。協議会の場には総理は出席しない。またもはぐらかしだ。

私が「党首会談をやられるつもりはあるんですか、ないんですか。イエスかノーかで答えてください」と言うと、ようやく、「必要であれば、それは当然お願いすることはあり得ると思います」と答えたので、「今まさに必要な時だと思うから提案をしているので、『必要があれば』とおっしゃったので、ぜひその必要性を考えていただきたいと思います」と言って終えた。

しかし、この質問の後も、国会の予算委員会や党首討論での枝野代表との質疑・討論はあっても、コロナ禍対応についての菅義偉首相との与野党党首会談は実現していない（七月一五日現在）。

菅義偉首相もその前の安倍晋三首相も、野党党首との会談を嫌う。総理経験者として、その姿勢は疑問だ。何か怖がっているのだろうか。

また、「多くの専門家や野党政治家の知見を得る」ことについても同様だ。安倍・菅両政権が専門家の知見をいかにないがしろにしてきたかは、ここで繰り返すまでもない。

†原発事故を二度と起こさないために

3・11までは「原発事故は起きない」ことになっていた。しかし、起きてしまった。今後も起きる可能性はある。何しろ、日本は世界有数の地震多発地域なのだ。

今後も原発を稼働させていくのであれば、事故に備えた法整備も必要だ。政府が電力会社に対し、命がけで対応するように命じられる法律を作れるのか。住民に対し、何十年も避難するよう命令できるようにすべきなのか。その補償は誰がどうするのか。安全基準を厳しくするのも必要だが、本気で原発に依存し続けるのであれば、これらの問題も議論すべきだが、自公政権は逃げている。危機管理をまともに考えていない。

総理経験者として、五〇〇〇万人の避難など不可能だと断言できるし、電力会社の従業員、自衛隊員や消防・警察に対し、命がけで原発を守れと命令することも正しいとは思わない。あのときは現実に事故が起きており、それしか選択肢がなかったゆえの決断だ。

原発事故の危機管理などできない。危機が生じないようにするしかない。つまり、原発をなくすことが、最大にして唯一の原発事故の危機管理だ。

コラム1　「国難」に対峙した官房長官、副長官、経産大臣、国対委員長

ここで、当時民主党政権でともに対応にあたった仲間の議員についても、若干言及しておきたい。

枝野官房長官、福山官房副長官は、官邸の中核として、原発事故対応全般について全力で対応してくれた。

最も苦しかったのは避難指示だ。原発事故の発生当初、格納容器の突然の爆発に備え、同心円状に避難指示の範囲を拡大した際、中心となったのがこの二人だ。瞬時の判断が求められるなか、よく対応してくれた。

避難指示について大変だったのは、三月下旬以降、原子炉の状態をどうにか一定のコントロール下に置くことが可能になり「最悪の事態」を脱した後だった。状況の変化に伴い、避難指示の見直しも求められた。原子炉の急な爆発から逃げるための避難指示ではなく、長時間の滞在によって積算線量が上がり、中長期的な被曝のリスクを負うことを避けるための避難指示である。それはつまり「当分の間、住み慣れた家には帰れない」と告げることに等しかった。

住民に大変つらい思いをさせてしまったが、実は決定する側も精神的に厳しい。彼らは

何度も福島に足を運び、地元自治体の長と粘り強く話し合いを続けてくれた。

枝野長官は原発事故に対峙しながら、記者会見では被災者への支援から首都圏の帰宅困難者への対応に至るまで、幅広い内容について的確な発信を続けた。記者会見の数は、震災発生から一七日までの一週間で二九回にのぼった。個々の発信では批判を受けることもあったが、総じて多くの国民に信頼されていたと思う。

海江田万里経済産業大臣は、原発事故において東京電力との間に立ち、たとえばベントの早期実施を強く要請するなど、身体を張って闘ってくれた。経済の専門家だったので経産大臣になってもらったわけで、原子力の専門家ではない。経産省が電力会社を所管していたので、担当することになった。その意味でも大変だったと思う。

何より、政府・東電統合対策本部では、政府が民間企業たる東電本店内で直接指揮を執るという前例のない事態に、よく対処してくれた。

安住淳(あずみじゅん)国会対策委員長は、宮城県石巻市出身で宮城五区を選挙区としていた。自宅が津波で屋根までかぶり、両親は無事だったが叔母が亡くなられ、彼自身が被災者だった。

震災翌日だったか、「国対委員長は続けられない。地元に帰らせてほしい」と涙ぐんで申し入れてきたが、国対委員長として残ってもらった。もっとも、被災地の状況が酷すぎて、安住氏は帰りたくてもすぐに地元に戻れなかった。安住氏が斎藤勁(つよし)国対委員長代理に後を任せ、秋田経由で地元にたどりついたのは発災から六日後のことだった。安住氏は市役所の一角に寝泊まりして、国会と地元を往復しながら、避難所への物資供給から遺体の捜索、がれきの処理に至るまで、次々と対応にあたった。

国対委員長として、自民、公明、共産の各国対委員長と粘り強く交渉し、国会をしばらくの間「休戦」することで合意を取り付けた。このおかげで震災と原発事故対応に専念できた。少なくとも発災直後、一定の与野党協力体制を組むことができたのは、安住氏が力を尽くしてくれたおかげである。

コラム2 女性議員たち

厳しい状況のなかで、女性議員も奮闘した。震災発生二日後の三月一三日、私は蓮舫行政刷新担当相に「節電啓発担当相」を兼務させるとともに、辻元清美衆院議員を「災害ボランティア担当」の首相補佐官に任命した。

蓮舫氏はもともと知名度はあったが、鳩山内閣の行政刷新会議での事業仕分けで注目されるようになった。野党になってからの国会での安倍晋三・菅義偉政権に対する鋭い質問も多い。

二〇一〇年六月から、私の内閣で内閣府特命担当大臣（行政刷新担当）になってもらい、震災直後には、節電啓発担当大臣も兼ねてもらった。

節電の観点から原発事故に対峙した蓮舫氏は、その後民進党の代表となり、二〇一七年の党大会で「原発ゼロ基本法案」を作成する方針を表明した。残念ながら党内の抵抗や同年九月の衆院解散で法案提出には至らなかったが、この流れは現在の立憲民主党に引き継がれ、原発ゼロ基本法案は翌二〇一八年三月に国会に提出されている。

東日本大震災をめぐっては、多くのボランティアによる被災者支援も注目された。被災地に入ったボランティアは三八万人を超えた。辻元補佐官は「大震災を日本社会のターニングポイントにしたい」として、内閣官房に「震災ボランティア連携室」を新設した。目立たない活動だったかもしれないが、かなり大きな役割を果たした。

自公政権になってからも各地で災害が起きた際の震災ボランティア活動が円滑に進んでいるのも、辻元補佐官を中心として、ベースとなるシステムをつくったからだ。政府が旗を振るのではなく「ボランティアに行きたい人が行きやすくなる」よう、ボランティア団体の車を緊急車両として認めたり、公務員のボランティア休暇日数を七日間に引き上げたりするなど、環境整備に精力的に取り組んでくれた。

私自身も含め、自民党と比べて政権運営の十分な経験が圧倒的に足りなかったのは事実だ。さらにいえば、世代的にも戦争経験もない。私たちはぶっつけ本番で戦後最大の国難に対応した。これらの経験は若い政治家たちにとって、得がたい経験となったのも事実だ。

あれから一〇年が過ぎた。震災・原発事故で政治家として最前線で対応に当たった議員たちが、そろって立憲民主党の幹部となっている。日本は現在も、コロナ禍という震災にも劣らない「国難」に見舞われているが、彼らは当時の経験を糧に、国民の信頼に応える行動を取ることができるはずだ。震災後に当選してきた自民党の若い議員との決定的な差が、そこにある。

コラム3 ベテラン政治家たち

若手政治家のよき指導者となったベテラン政治家にも触れておきたい。

北澤俊美防衛大臣は一九三八年生まれで、私よりも八歳上だ。自民党を離党して新生党、新進党に参加し、一九九七年の新進党解党に伴い、翌九八年に私が代表を務めていた民主党に参加した。

保守本流を歩いた北澤氏は、市民運動出身でミニ政党の社会民主連合（社民連）から政治活動をスタートした私にはないものをたくさん持っており、私は勝手に「家庭教師」と呼んで信頼していた。

その信頼があったからこそ、前述したような自衛隊の思い切った派遣要請も可能だったのである。あの震災を経て自衛隊の災害派遣に対する国民の信頼が高まったのも、現場の隊員たちの献身的な努力は言うまでもないが、北澤大臣がしっかりと指揮をしてくれたことを抜きには語れないと思う。

社会党出身で同年代の仙谷由人氏とは、一九九六年の旧民主党結党から政権樹立まで、ともに歩んだ盟友であり、またライバルでもあった。

二〇一〇年六月に首相に就任した時、最初に決めた人事は仙谷氏の官房長官への起用だった。首相と官房長官との関係はさまざまで、どういう関係が正しいかは、一概には言えない。私は「総理に意見を言える官房長官」であるべきと考えており、仙谷氏に頼んだ。念頭にあったのは、中曽根康弘政権での後藤田（ごとうだ）正晴（まさはる）官房長官のようなタイプだ。

官僚機構を熟知していて、親分肌で後輩の政治家たちにも慕われていた仙谷氏には助けられることも多かった。だが尖閣諸島沖での中国漁船衝突事件（同年九月）の対応などで批判を受け、参院で問責決議が可決されたため、翌一一年一月の内閣改造で閣外に出てもらい、党の代表代行に就任してもらっていた。

それからわずか二カ月で震災が発生した。私や枝野長官らは原発事故の対応に追われており、手薄になりかかっていた震災被災者の支援への対応を担ってもらうため、官房副長官として官邸に戻ってきてもらった。二カ月前まで官房長官だったのだから、ある意味で降格人事である。しかも、枝野官房長官の方が若い。通常ではありえない人事だったが、仙谷氏は快く引き受けてくれ、被災者支援のみならず、原発被災者への賠償スキームの策定などでも力を尽くしてくれた。

仙谷氏は震災から三年後の二〇一四年に政界を引退し、一八年一〇月、肺がんのため七二歳で亡くなった。

片山善博（よしひろ）総務大臣は一九九九年から二〇〇七年まで、鳥取県知事を二期務めた地方自治のベテランである。鳩山内閣で行政刷新会議の民間議員を務め、二〇一〇年九月、私は地域主権改革を進めるために力を貸してほしいと考え、民間人として入閣してもらった。

片山大臣は鳥取県知事時代の二〇〇〇年に鳥取県西部地震に直面し、復旧・復興の指揮にあたった経験があり、このとき、被災した住民の住宅再建に県が一律三〇〇万円を支給する独自の支援制度を構築した。これは私有財産への補償を渋る国の反対を押し切って実現した政策だった。こうした制度も含めた早期の補正予算編成を、片山大臣は発災当時から強く主張していた。

震災の際に総務省として大きな課題だったのが、原発事故で多くの避難者が長期にわたり暮らしている自治体から離れる事態になったことにどう対応するかだった。片山大臣は、避難者が住民票を避難先に移すことなく、避難先の自治体でも行政サービスが受けられるようにし、財政支援も行う「原発避難者特例法」の制定に奔走してくれた。当初は元の自治体と避難先の両方で二重に住民登録ができる仕組みを考えたそうだが、選挙権の問題で限界があり、このような形になった。

私や枝野官房長官が原発事故の対応に追われるなか、被災者生活支援特別対策本部の本部長代理としても尽力してくれた。

2　尖閣諸島中国漁船衝突事件

†船長釈放に「弱腰」批判

私の政権時代の危機管理案件として、尖閣諸島中国漁船衝突事件について振り返る。

私が総理大臣に就任したのが二〇一〇年六月で、七月に参議院議員選挙があった。そして九月、民主党は代表選に突入した。

その代表選さなかの九月七日に、尖閣諸島沖の領海内で違法操業をしていた中国漁船に対し、海上保安庁石垣海上保安部の巡視船が停船を求めたところ、漁船が巡視船に「体当たり」する事件が起きた。

海保は翌八日未明、中国人船長を公務執行妨害の疑いで逮捕した。九日に船長を送検し、一九日には拘留が延長された。

日本政府の対応について、中国外務省は「中国漁船が日本の巡視船に不法に囲まれ、衝突され損害を受けた」と発表した。温家宝（おんかほう）首相は二一日、国連総会出席のため訪問中のニューヨークで、船長の逮捕について不法との認識を示し、船長を「即時に無条件で」釈放するよう日本政府に求めた。

さらに「そうでなければ、中国はさらなる措置を取る」と述べ、船長の釈放が実現しなければ、中国として対抗措置を辞さない構えを示した。中国国内で広まった対日強硬論を踏まえたとみられる。同じ時期、私も国連総会出席のためニューヨークに滞在していたが、温首相との日中首脳会談は実現しなかった。

その後、中国産のレアアースの対日輸出の通関手続きが滞り始めた。また、軍事管理区域で違法に軍事施設をビデオ撮影したとして、準大手ゼネコン・フジタの社員四人がスパイ容疑で拘束された。いずれも、中国による報復措置との見方が強まった。日本企業は中国からの商談の中止が相次ぐなど、日本経済に大きな影響が及び始めた。

事件発生から一七日後の九月二四日、那覇地検は「日中関係への考慮」などを理由に、船長を処分保留で釈放させた。

これが日本の国内世論の反中感情を刺激し、「中国に弱腰」との大きな批判を受けることになった。また、純粋に法にのっとって捜査すべき検察当局に、政治的、外交的判断をさせたとの観点での批判もあった。

二カ月後の一一月には、この時の政権の対応に不満を抱いた現職の海上保安官が、匿名で衝突時のビデオ映像を流出させる問題まで発生した。
これが尖閣諸島をめぐる一連の事件だ。

†「逮捕後」の対処方針がなかった

「船長釈放」は確かに弱腰批判を受けたが、同様の事例としては、自民党の小泉政権下の二〇〇四年、中国の民間人が尖閣諸島に不法に上陸した際、いったん入管難民法違反で逮捕し、その後起訴せずに強制退去させたことがある。「民主党政権だから中国に弱腰」という批判は当たらない。

今回の事件で船長が問われたのは公務執行妨害で、小泉政権での事件の入管難民法とは根拠法が異なり、強制送還させる法的根拠がなかった。

海上保安庁は国土交通省の外局で、船長の逮捕を決断したのは前原誠司国交大臣だった。私も逮捕そのものは妥当だったと考えている。自国の海域で違法操業した漁船が巡視船に体当たりすれば、海保の内規に基づけば「即逮捕」の事案である。当時の仙谷由人官房長官らも悪質性が高いとみていた。

ただ「逮捕した船長を起訴するかどうか」については自公政権時代から、政府の方針は定まっていなかった。逮捕後の司法手続きについて方針を決められないまま、捜査機関の判断で釈放可能な逮捕後七二時間が過ぎ、船長は拘留された。

日本の法体系では、三権分立の観点から、船長がいったん送検され、裁判所で拘留が決定されれば、それ以降は政治や行政は関与できない。一方で中国は三権分立ではないので、「日本政府が決断すれば、船長の釈放などわけなくできる」と考えていた節がある。日中の政治体制の違いが、問題をこじらせた面もあったと思う。

尖閣諸島について日本政府は「領土問題は存在しない」との立場をとっているが、中国は「領有権は自らにある」と主張しており、船長について日本の司法管轄権を認めない。もし日本の検察が船長を起訴すれば、公判で何カ月もの時間がかかることになり、日中関係が長期にわたり悪化することは避けられなかった。報復措置がさらにエスカレートする可能性があった。

結果として仙谷官房長官と検察との「あうんの呼吸」で「処分保留での釈放」が決まった。たしかに起訴はしなかったが、「不起訴」としたわけではない。処分保留は証拠不十分な場合などに、起訴か不起訴かの判断を保留する措置であり、日本の司法手続きを踏みつつ、中国が求める早期釈放にも応えたと言える。

これを機に中国側の対抗措置は収まっていった。だが、その後のビデオ映像流出によって、日本国内で「処分保留」判断への批判が再び高まった。

事件から一〇年がたった二〇二〇年九月、事件発生時に外務大臣だった岡田克也氏が、自身のブログで事件を振り返り、こう記していた。

「私が仙谷さんの立場だったらどうしただろうかと考えることがある。起訴し、司法手続きに入ることを避けるとした場合に、いま一つの選択肢は指揮権の発動（検察庁法一四条但書）だ。

仮に、刑事事件に対し法令を超えた政治判断を行うのであれば、法治国家として法律上認められた制度に基づくべきと当時思った記憶がある。しかし、指揮権発動は佐藤栄作（自民党）幹事長の造船疑獄による逮捕の延長をするために行われた、いわば手垢にまみれたもの。これを現実に発動することは政治的に相当ハードルが高く、また発令すれば国民世論を一層刺激することになった可能性が大きい。」

指揮権発動は、制度としては存在するが発動はしないというのが暗黙の了解であった。発動にはかなりのエネルギーと覚悟が必要だ。発動する政権もされる検察も傷つく。私と仙谷官房長官の間では、議論するまでもなく、指揮権を発動せずに解決しようということで合意できていた。

司法手続きについて述べてきたが、防衛の観点にも触れておく必要がある。

岡田外務大臣は事件発生当時、中国の戴秉国（たいへいこく）国務委員（外交の最高責任者）との交渉で、今回のケースの悪質性や、中国が報復措置をとれば日中関係に悪影響を与えることなどを訴えた。しかし中国国内でも反日ナショナリズムが高まり、中国政府も引くに引けない。

一方、前述のように衝突事件は民主党の代表選挙のさなかに起きていた。立候補したのは私と小沢一郎氏で、一四日に投開票され、私が再選された。これを受けて一七日に内閣を改造し、外務大臣は岡田氏から前原誠司氏に交代した。

前原新外務大臣は就任後すぐ、私とともに国連総会出席のため訪米した。そして二二日、米国のヒラリー・クリントン国務長官との会談で、尖閣事件と日米安保条約との関係を確認した。クリントン氏は尖閣問題について、米国による日本防衛の義務を定めた日米安保条約第五条の適用対象になることを明言した。

†東京都が購入するか国有化するか

尖閣問題は私の首相退任後、後任の野田政権下で別の形で火がつくことになった。

東京都の石原慎太郎知事が二〇一二年四月、尖閣諸島のうち民間が所有していた魚釣島、北小島、南小島の三島を東京都が買い取る考えを表明した。これを防ぐため、野田政権は九月、三島を二〇億五〇〇〇万円で購入することを閣議決定した。

石原知事は当時、島の購入後に「船だまり」を建設するとしており、それよりも国有化して現状を維持したほうが、日中関係を悪化させずにすむと考えたのだ。野田首相は事前にそのことを中国側にも伝えていたが、結果として日中関係は極度に冷え込んでしまった。ここでも「国有化」という言葉のイメージが、日本と中国とでは異なっていたと感じている。

民主党が政権から下野した後も、中国は尖閣沖に大型船を次々に投入し、二〇二〇年には中国公船の接続水域の連続航行日数が過去最長の一一一日に達した。

私が直面した漁船衝突事件のような偶発的な事件や、野田政権が対峙した日本国内のナショナリズムの高まりなどに政治がどう対処し、日中両国の軍事的緊張が高まるのをいかに回避するか。これもまた、日本の危機管理をめぐる大きな懸案事項である。

歴史をみれば戦争の多くが、些細な出来事だったものが双方の指導者の誤算によって戦争へと拡大し、多くの犠牲者を出してきた。戦争は始めるのは簡単だが終えるのは難しいとも言われる。尖閣問題はひとつ間違えば、戦争になりかねない危機だった。

3　日本航空の破綻処理

†自民党政権のスキームを「ちゃぶ台返し」

私の政権で起きたことではないが、民主党政権時代の経済面での大きな危機管理案件として、鳩山政権が直面した日本航空（JAL）の破綻処理について触れておきたい。私は鳩山政権の副総理として、この問題に関与した。

鳩山政権が発足したのは二〇〇九年九月で、「一〇〇年に一度」といわれるリーマン・ショックの余波のなかにあった。この時点で日本航空の再建問題は、すでに喫緊の課題となっていた。日航はリーマン・ショックで航空需要が激減し、〇九年三月期は六〇〇億円を超す純損失を出していたのだ。

鳩山政権で国土交通大臣に就任した前原誠司氏は、就任早々、麻生太郎政権のもとで国土交通省が準備を進めていた「日本航空の経営改善のための有識者会議」を白紙撤回した。すなわち「ちゃぶ台返し」である。

政権交代直前の二〇〇九年八月に設置された有識者会議は、日航自身に経営改善計画の策定を求める緩やかな改革を目指していたが、前原大臣はこれを認めなかった。前原大臣は政権発足から九日後の九月二五日、自ら五人の専門家による大臣の私的諮問機関「JAL再生タスクフォース」を立ち上げ、日航の資産の客観的な査定に着手した。

こうして政府がJAL再生に積極的にかかわることになったのだ。

当時の国交省の資料は、タスクフォース設置の狙いをこう記している。

「日本航空は、わが国最大の航空運送事業者として大きな公共的責任を担う事業を行っており、また、航空運送事業はわが国の今後の成長戦略においても重要な戦略産業であることから、その事業再生の成否は重大な公益、国益に関わる。

このため、日本航空の自主的な再建を確実に実現することを目的として、専門家集団により構成されるタスクフォースを設置し、その積極的な指導・助言のもと、日本航空の実態を厳しく客観的に把握し、従来のしがらみから自由で、抜本的な再生計画の迅速な策定と実行を主導することが望ましいと判断した。」

まさに、しがらみのある自民党にはできない方法だった。

†政治主導で「法的整理」

タスクフォースの調査結果を受け、日本航空は翌二〇一〇年一月、前年一〇月に発足した官民ファンドの「企業再生支援機構」に支援の検討を申し入れる一方、会社更生法の適用を申請し、経営破綻した。私的整理を求める声も少なからずあったが、最後は前原大臣や辻元清美国土交通副大臣ら政治家の判断で、法的整理に踏み切った。

企業再生支援機構はもともと中堅・中小企業を再生させるために創設されたが、いきなり巨大企業の再生に取り組むことになった。機構は同年六月、日航の債務超過額を約九五〇〇億円と見積もった。

更生計画に基づき、金融機関は五二一五億円の債権を放棄した。さらに、支援機構からは三五〇〇億円の公的資金が注入された。株式は一〇〇パーセント減資された。

公的資金の注入を受け、大きな経営合理化も進められた。前原大臣と旧知の京セラ創業者、稲盛和夫(いなもりかずお)氏が日本航空の会長となり、効率の悪いジャンボ機などの売却や不採算路線の整理、関連会社の売却、希望退職の募集などの人員整理、給与や年金の切り下げなど、ドラスティックな経営改革が進められた。

日航は労働組合がいくつもあり、労組間の対立もあるなど複雑だった。人員整理案への抵抗も強かった。さらに大きな問題として、元従業員の年金問題もあった。これらを解決できた。

特筆すべきは、日航はこの間、飛行機を飛ばし続けながら改革を進めたことだった。

この経営改革のさなかの一一年三月、日本は東日本大震災という国難に見舞われた。にもかかわらず、日航は野田政権下の翌一二年一月、東京証券取引所第一部に再上場できた。上場廃止から二年七カ月ぶりのことだった。一二年三月期（一一年四月～一二年三月）には二〇四九億円の営業黒字を計上するなど、業績は驚異的なV字回復を遂げた。

ＪＡＬ再生問題は、自民党政権では決して成し遂げられなかった。それくらい、すさまじい改革を一気にできた。ＪＡＬが国交省と考えていた再建案では、一見、財政負担は少なく見えた。しかし赤字体質になった原因のひとつが、自民党の政治家が自分の地元に不採算路線を飛ばさせていたからであり、その構造を断ち切らなければ、一時的に回復しても、またずるずると同じことを繰り返す恐れもあり、そのたびに財政負担が大きくなるのは目に見えていた。

このタイミングで民主党政権になっていたからこそ、ＪＡＬは再生できたのである。

稲盛会長の経営手法で私が印象に残っているのは、人事である。稲盛会長は自分の秘書くらいは連れて行ったと思うが、京セラからは誰も連れて行かず、単身でＪＡＬに乗り込んだ。一般に、どの組織も外部からトップがやってくると、乗っ取られるのではないかと警戒する。しかし、稲盛会長が単身で来たことで、JALの社員たちも安心し、一丸となって再建に向かった。

ポイントは、稲盛会長が安易に外部の人間を起用しようとしなかったことにある。記者会見などでもしばしば「生え抜きによる執行体制が大切」と強調していた。

さらに興味深いのが社長人事だ。JALの歴代の社長は国交省と関係が深い企画部門から就任していた。ところが稲盛会長は、整備部門出身の大西賢氏を社長に起用した。さらに二年後の二〇一二年にはその後任として、パイロット出身の植木義晴氏を抜擢した。パイロット出身が社長に起用されたのは初めてで、従来のJALの常識では考えられない人事だった。

こうして社内のモチベーションを高め、厳しいリストラを含む大胆な社内改革を成し遂げたのだ。京セラやKDDIを大企業に育て上げた「経営の神様」ならではの手腕であったと感服している。

第三章
達成された政策

行政刷新会議の事業仕分け最終日で、作業を終えて記者会見する枝野幸男氏
(2009年11月27日午後、共同)

二〇〇九年の総選挙で民主党が作った「マニフェスト」には、一六四の政策が明記されていた。民主党の「マニフェスト」がそれまでの「選挙公約」と異なる点のひとつが、「検証や評価が可能」なことだった。そのために具体的な「数値目標」「達成時期」「財源的な裏付け」を示し、政策実現の工程表も立てた。

二〇一二年の総選挙にあたり、同年一一月二〇日に民主党は「09年総選挙マニフェスト実績検証」を発表した。A4判で七一ページとかなりの分量のもので、いまもネット上に掲げられているので(「09年総選挙マニフェスト　実績検証」で検索していただければすぐに出てくるし、PDFなのでダウンロードもできる)、お読みいただければありがたい。

この「実績検証」では、二〇〇九年のマニフェストの項目ごとに、進捗状況を「着手」「一部実施」「実現」の三段階、「未着手」も含めれば四段階に分けた。

その結果、達成数は分野ごとに表のようになった(外交については実績検証になじまないので、評価をしていない)。

達成度をみると、外交を除く一四七項目のうち実現したのは五〇なので、三四パーセントとなるが、「一部実施」の六〇を加えると、七四・八パーセントになる。何もできなかったのは七項目で全体の四・七パーセントに過ぎない。けっして「何もできなかった政権」「マニフェストは何も実現しなかった」のではないことが、おわかりいただけるだろう。

「何もできなかった」というのは自民党の「悪夢の民主党」宣伝のせいもあるが、いくつかの目玉政策で達成できなかったものがあるので、それが目立ったためかもしれない。逆に言えば、目立たないがやるべき政策課題については実現できたものがかなりあったのである。

	項目数	実現	一部実施	着手	未着手
ムダづかい	25	4	13	5	3
子育て・教育	21	9	9	3	0
年金・医療	28	9	6	10	3
地域主権	22	9	9	3	1
雇用・経済	43	18	20	4	0
消費者・人権	8	1	3	4	0
外交	17	／	／	／	／
合計	164	50	60	29	7

2009 マニフェストの分野ごとの達成数

1　税金の使いみちを変える——行政刷新会議の成果

†画期的だった「事業仕分け」

「事業仕分け」を覚えている方も多いと思う。それを実施したのが行政刷新会議である。

鳩山内閣が発足して三日目の二〇〇九年、九月一八日に、仙谷由人行政刷新大臣を副議長として設置された（議長は鳩山首相）。同日には私が担当する「国家戦略室」も設置され、民主党政権の二枚看板となった。

「行政刷新会議」は、「政府の全ての政策・支出を現場調査、外部意見を踏まえて検証する」ための会議だ。役所仕事の「棚卸し」で、三兆円を目標に、予算の削減や組み替えができるものを見つけだそうという試みだった。

一一月二〇日から二三日まで四日間にわたり、枝野幸男議員と蓮舫議員を中心に、国会議員、民間の専門家が官僚や関係者を呼び、その事業が必要なのかどうか問い質した。会場となった東京・市谷の国立印刷局市ヶ谷センターには、連日多くの報道陣や傍聴者が詰めかけた。テレビでは一般的なニュースの枠だけではなく、ワイドショーやバラエティー番組などでも大きく取り上げられた。

自民党の長期政権のもとでは役所の前例主義もあって、一度決まった制度・政策は、その役割を終えたものも存続していた。大きなムダは目立つので問題となるが、小さなムダも積み重なればかなりの額となる。野党では限界があった役所の事業のチェックも、政権党となれば可能なはずだった。

「事業仕分け」について仙谷大臣は「予算編成プロセスのかなりの部分が見えることで、政治の文化大革命が始まった」と述べていたが、その通りだと思う。

最初の「事業仕分け」では、四四九事業を仕分けし、約二五パーセントを廃止または予算計上を見送るべきと評価し、約二兆円を確保した。目標を三兆円としたため達成できなかったとの評価もあったが、それまではゼロだったものが、四日間でいきなり二兆円もムダだと見つけられたのだ。この成果は大きい。

事業仕分けは、件数や確保できた金額も重要だが、何よりも、仙谷大臣が述べていたように予算編成プロセスが可視化されたことが大きかった。こういうところに税金が使われているのかと国民が関心を持つようになったことも大きい。「事業仕分け」の結果、従来の予算は政策や事業の目的や必要性に重点が置かれ、実施手段についての検証が十分ではないことも判明した。

この二兆円は民主党政権になって最初の二〇一〇年度予算に反映され、公共事業約一・三兆円と、補助金約〇・七兆円が削減された。これで得た財源で、「子ども手当」「高校無償化」が実施できたのである。まさに「コンクリートから人へ」だった。

†「二位じゃだめなんですか」発言

「事業仕分け」というと、多くの方がイメージするのは、次世代スパコン事業をめぐる蓮舫議員の「二位じゃだめなんですか」発言だろう。

当時、文部科学省は「世界最速」の計算能力を持つスパコンの開発を目指していたが、三年後の二〇一二年には、スピードで米国に抜かれるとの予測もあった。蓮舫氏が問いかけたのは「なぜスピードばかりにこだわるのか」ということだ。つまりは、世界一のスピードを求めるより利用者の使い勝手を重視すべきではないのか、ということだった。

だが文科省の回答は「最先端のスパコンがないと最先端の競争に勝てない」「国民に夢を与える」などの抽象的なものばかりで、議論はかみ合わなかった。「二位じゃだめなんですか」はそういう状況の中で出た発言だが、そこだけ切り取られ、報じられた。

補足すれば、同様の質問は蓮舫議員だけでなく、他の「仕分け人」からも出されていた。そのなかにはコンピュータ科学の第一人者である金田康正(かなだやすまさ)・東大大学院教授などもいた。専門的な立場から「仕分け」の議論に加わってもらっていたのだ。仕分け人たちは決して「素人の思い付き」で議論を進めていたのではなかったことも付け加えておきたい。

ちなみに、次世代スパコンをめぐる仕分けの結論は「(予算計上の)見送りに限りなく近い縮減」であった。一方的に切り捨てたのではなく、計画を練り直したうえで再度検討することを求めたのだ。翌二〇一〇年度の当初予算では、同事業には文科省の要求額(二六八億円)の半分以下の一一〇億円の予算がついた。このことについても、メディアは「仕分け違反」などと批判したが、それは文科省が仕分けでの指摘を踏まえた「利用者側視点への転換」をはかった計画に変更したため、一一〇億円付けたのである。

これこそが政治主導の予算編成である。

†独立行政法人・政府系公益法人の仕分け

「事業仕分け」は一回だけではない。マスコミは「史上初」のものは大きく報じるが、二度目、三度目になると、扱いも小さくなっていったので、知られていないかもしれないが、当時の記録を確認すると、かなり凄まじいことができている。

二〇一〇年四月に第二弾として実施した「独立行政法人や政府系の公益法人が行う事業についての事業仕分け」では、二三三事業を仕分けして、七六事業を廃止と評価した。その他の事務事業の徹底的な見直しも行い、不要資産二兆円が国庫納付された。

私の内閣になってからの一〇月には「特別会計の制度と事業再仕分け」を行い、一七会計・五一四勘定、一一二事業を再仕分けした。

この第二弾、第三弾で合計して一・七兆円を確保した。

二〇一一年度予算では無駄の削減等で六・七兆円の財源が捻出でき、マニフェストで約束した政策に三・三兆円を活用できた。

一二月には、「独立行政法人の事務・事業見直しの基本方針」を閣議決定した。これは、独立行政法人の八〇事業を廃止・民営化し、一九八九事業を縮減等とする内容だ。

この一連の仕分けで、国から独立行政法人への財政支出も政権交代前と比べて約一割の削減を実現できた。

あわせて、独立行政法人の役員の公募を義務付け、政権交代した直後の二〇〇九年一〇月には、役員になっている公務員OBが一八九名いたのを、二〇一一年一〇月には四五人に減らすことができた。

二〇一一年七月には、公益法人に関連する三二八四件の支出を見直した結果、法令の根拠なく権限付与されていた一三件をすべて廃止し、不要・過大な資産約五九〇億円の国庫納付を実現した。

二〇一二年六月、行政改革実行本部で「公益法人に対する支出の公表・点検の方針」を決定し、毎年、公益法人に対する支出を一貫性のある形で公表し、各府省において点検・見直すことにした。その結果、前年度(二〇一一年度)分の公益法人に対する支出の点検・見直しによって、六四五事業の廃止と終了が実現し、約四七〇億円の削減となった。

†行政事業レビュー

一方、「行政事業レビュー」も始めた。

二〇一〇年三月に各府省に副大臣をリーダーとする予算監視・効率化チームを設置し、

事業の支出先や使途を把握し、予算が効率的に使われているかを自己点検するものだ。

あわせて「予算の支出状況の継続的な開示」「予算執行に関する意思決定の情報公開」等を内容とする「予算執行の情報開示に関する指針」を定め、この指針に沿って、各府省のホームページで予算執行に関する情報を公開した。

公共事業については箇所付けを国会審議の過程で公表し、「どこで、どんな公共事業を行うのか」も国会で審議できるようになった。

その結果、国の全施策約五〇〇〇がレビューシート化されて公開され、延べ六四五五事業が廃止・見直しとなって、約二・二兆円が概算要求に反映された。ここでも重要なのは「公開」だったことだ。一部の事業については公開の場で議論し、お金の流れや点検結果を国民に示すことができた。

このレビューで、二〇一一年度予算では六・九兆円の財源を捻出し、マニフェストで約束した施策に約三・三兆円を活用できた。

また、政権交代からの三年間で、公共事業は金額ベースで三二パーセント削減され、一方、社会保障費は一六パーセント、文教関係費は九パーセントの増加となったのである。

「行政事業レビュー」は民主党政権の下野後も自民党政権に引き継がれ、二〇二〇年一一月には菅義偉政権でも実施されたが、その存在感は薄れている。

†未完の行政改革

改革の仕上げとして、野田政権時代の二〇一二年の通常国会に、独立行政法人制度そのものを廃止し、政策実施機能とガバナンス強化を図った新たな行政法人制度の創設、法人数を四割削減する「独立行政法人制度改革関連法案」と、一七の特別会計を一一に、五一の勘定を二六にする「特別会計改革の基本方針」を提出した。

しかし、同年一一月の衆議院解散とともに審議未了で廃案となり、一二月の総選挙で民主党は下野することになったので実現できなかった。

廃案となった改革法案では、与党の議員立法で提出された「行政改革実行法案」もある。これは公益法人に対する予算交付や権限付与の見直しに関する条項を規定したものだったが、審議未了で廃案となった。

このように、マニフェストで約束した「無駄の削減」「税金の使い道を変える」は、かなり実現した。役所の習性で、一度決めた制度は役割を終えても自分たちからは廃止しようとは言わない。それができるのは、「政治」である。しかし、政治家と官僚とが癒着していた自民党政権では、過去に何度も「行政改革」と言いながら、ほとんど改革できていない。現業部門の公務員は減らしても、官僚のトップの天下り先は守り通してきた。

そこに踏み込み、有識者など外部の視点も借りながら、無駄の削減を実行し、それを財源として、社会保障、教育分野の予算を増やすことができた。

「コンクリートから人へ」のスローガンだけを捉えて、「土木・建築業を破壊するのか」との批判もあったが、そうではない。雇用面で見ると、医療・福祉関係の従事者は政権交代時の二〇〇九年九月には五九六万人だったのが、三年後の一二年九月には六八一万人に増え、教育・学習支援業も、二五五万人から二七八万人に増えたが、建設業も四〇八万人から四一一万人へと増えているのである。これは震災復興事業のためという要素もあるが、決して、建設業を蔑ろにしたわけではない。

残念ながら、二〇一二年の総選挙で民主党は政権から下りた。その結果生まれた安倍晋三内閣は、一二月二六日に発足すると、その日の深夜の初閣議で「行政刷新会議」を廃止した。自民党にとって、いかにこの会議が煙たい存在、安倍晋三氏が言う「悪夢」の象徴だったかがわかる。

安倍氏の言う「悪夢」の正体は、税金のムダ遣いをやめることなのだ。

2　外務省の密約を調査・発見——政権交代が可能にした情報公開

†「大臣から指示を受けたのは初めてです」

政権交代の意義の最大のものが、前政権がしてきたことの見直しができるということだ。民主党政権では自民党政権のもとで府省が長年にわたり隠してきたことを明らかにすることにも取り組んだ。

その象徴が、外務省の「密約」問題である。

鳩山政権が発足した二〇〇九年九月一六日、外務大臣に就任した岡田克也氏は、就任したその日のうちに、藪中三十二（やぶなかみとじ）外務事務次官に対し、核持ち込みや沖縄返還をめぐる日米間の四つの「密約」について、これまで非公開だったものも含めて外務省内の資料を調査するよう、大臣命令を出した。

手前味噌になるが、これは一九九六年に私が厚生大臣だったときに、薬害エイズ事件でとった手法と同じである。薬害エイズ事件は裁判にもなっていたが、厚生省はあるはずの資料を「見つからない」として出そうとしなかった。そこで私は大臣に就任すると、省内にプロジェクトチームを作り資料を探すよう指示した。その結果、数日後にロッカーの中から発見されたのである。

当時、厚生省の役人からは「大臣から指示を受けたのは初めてです」と言われた。自民党政権での大臣は、役人の言うがままに動いていているだけだったのだ。

岡田外務大臣は、彼なりの判断で「指示」よりも強い「命令」で、密約をめぐる事実を明らかにした。

どの組織でもそうだろうが、前任者の批判はしにくい。役人の世界はそれが徹底しており、先輩、かつての上司であった前任者がしたことを見直すこともまれである。そこで政治家の出番となるのだが、自民党政権が長いので、当然、前任の大臣も同じ自民党の政治家であるため、徹底的な見直しはしにくいのだ。それは、ひとの気持ちとしてわからなくもない。

だからこそ、一〇年単位ぐらいでの政権交代が必要だ。外務省の密約問題は相手国アメリカもからむ、大きな事案であり、これを明らかにするのは、かなりのエネルギーが必要だった。民主党政権が国民の圧倒的な支持を受けて誕生したからこそ可能だった。

†大臣の調査命令

岡田大臣の命令書にはこうあった。

外交は国民の理解と信頼なくして成り立たない。しかるに、いわゆる「密約」の問題は、外交に対する国民の不信感を高めている。今回の政権交代を機に、「密約」をめぐる過去の事実を徹底的に明らかにし、国民の理解と信頼に基づく外交を実現する必要がある。

そこで、国家行政組織法第一〇条及び第一四条第二項に基づく大臣命令により、下記四点の「密約」について、外務省内に存在する原資料を調査し、本年一一月末を目処に、その調査結果を報告することを求める。

①一九六〇年一月の安保条約改定時の、核持ち込みに関する「密約」
②同じく、朝鮮半島有事の際の戦闘作戦行動に関する「密約」
③一九七二年の沖縄返還時の、有事の際の核持ち込みに関する「密約」
④同じく、原状回復補償費の肩代わりに関する「密約」

これらは戦後日本が国是としてきた「非核三原則」との整合性が問われるなどさまざまな問題をはらんでおり、過去に国会で何度となく取り上げられてきた。実はいずれの密約も、米国側で公開された公文書などにより、その存在はすでに明らかになっていたが、にもかかわらずそれまでの日本政府の見解は「密約はない」の一点張りだった。密約について日本政府の手で調査を行うのは、これが初めてだった。

†外務省の調査チーム

外務省は九月二五日、北野充（みつる）官房審議官をトップとする約一五名によるチームを立ち上げ、省内に存在する関係ファイルの調査を開始した。調査対象は日米安保関係のファイル二六九四冊、沖縄返還関係のファイル五七一冊、在米大使館に存在するファイル約四〇〇冊にのぼった。一一月に内部調査結果がまとまると、岡田大臣は調査結果を検証するため、北岡伸一東大教授を座長とする「いわゆる「密約」問題に関する有識者委員会」を発足させた。有識者委員会は日米安保や米外交文書に詳しい研究者ら六名で構成され、資料の精査や関係者からの聞き取り調査にあたった。

調査では「密約」を裏付ける複数の極秘文書が見つかった。たとえば、一九六八年一月二七日付の東郷文彦北米局長による極秘メモだ。メモでは、東郷局長がこの前日、ジョンソン駐日アメリカ大使に核持ち込みの米側解釈を伝えられたやりとりなどが詳述され、核を積んだ艦船の寄港について表向きは認めない姿勢を示しつつ、米側解釈に異を唱えず、寄港を黙認する方針が示されていた。

二〇一〇年三月九日、岡田大臣は密約に関する外務省の調査結果と有識者委員会の検証報告書を公表した。有識者委員会は「安保条約改定時の核持ち込み」については「暗黙の合意」という「広義の密約」があったと指摘した。「米軍基地跡地の原状回復補償費肩代わり」についても「非公表扱いの合意があり「広義の密約」に該当する」とした。「朝鮮半島有事の際の戦闘作戦行動」については「日本側に密約との意識があったことは確実」と認めた。一方「沖縄返還時の核再持ち込み」については「非公開の合意議事録は発見されたが、必ずしも密約とは言えない」と結論づけた。

岡田大臣は六月四日に記者会見し、核持ち込みなどの密約に関する外交文書について「不用意な破棄が行われ、重要文書が失われた可能性は排除できない」とする省内調査結果を公表した。ちなみに、この日は鳩山由紀夫首相の辞意表明に伴い、私が後任の首相に選出された日だ。岡田大臣は内閣総辞職を前に、最後に自らの手で問題のけじめをつけた。

必ずしも密約のすべてを明らかにできたわけではなかったが、それでも調査後の五月、外務省は作成から三〇年が経過した外交文書を、原則自動公開する規則を制定した。密約調査は、日米安全保障をめぐる外交文書の情報公開のあり方に、多大な影響を与えた。

†財務省も協力する

密約問題で動いたのは外務省だけではなかった。

藤井裕久財務大臣は二〇〇九年一二月四日の記者会見で、沖縄返還費用の一部を日本が肩代わりする「密約」にかかわる財務省の関連文書について「外務省がいろんな努力をするのと同じような努力は致してまいりたい」と述べ、外務省の調査に協力する考えを示した。残念ながら藤井大臣は、この一ヵ月後の二〇一〇年一月六日、体調不良を理由に財務大臣を辞任し、翌七日、私が副総理兼任で後任の財務大臣に任命された。そして密約問題の調査も引き継ぐことになった。

財務省の調査で焦点となったのは、一九六九年一二月に日米の財政当局が合意し、沖縄返還に伴う経済・財政上の処理を進める根拠となったとされる文書だ。交渉当事者の名をとって「柏木―ジューリック文書」と呼ばれる。

文書は「無利子預金」「米国への現金支払二億五〇〇〇万ドル、基地移転のための役務・物品の提供二億ドルの合計四億五〇〇〇万ドル」という内容であるとされていた。沖縄返還協定で定められた対米補償費は三億二〇〇〇万ドルとなっていたので、返還協定とは別に日本側が巨額の財政負担を行う密約が交わされていたことになる。これも外務省関係の文書同様、米国で開示された文書から明らかになっていたが、財務省は「沖縄返還協定がすべて」との見解をとり続け、当時係争中だった、密約文書の開示を求めた情報公開訴訟でも焦点の一つとなっていた。

財務省では、藤井大臣と私からそれぞれ徹底した調査を指示した。結局、省内から「柏木―ジューリック文書」を見つけることはできなかったが、米国の国立公文書館で文書を入手し、子細に検討した結果、一九九九年までの二七年間にわたり、日本政府がニューヨーク連邦準備銀行に、少なくとも五三〇〇万ドルを無利子で預金していたことを確認した。日銀も約五〇〇〇万ドルを預金していた。

岡田大臣の報告書公表から三日後の三月一二日、私も記者会見で財務省としての調査結果を公表した。「(沖縄返還協定の)三億二〇〇〇万ドルにとどまらない負担など秘められた約束があったと思われる」と述べ「広義の密約があった」と認めた。

†調査結果に関する財務大臣談話

以下、調査結果に関する当時の財務大臣だった私の談話の全文である。あまり知られていないようなので長くなるが、そのまま引用する。

「沖縄返還に伴う財政負担に係る文書」及びいわゆる「無利子預金」に関する調査結果の報告にあたっての菅財務大臣談話

【調査の経緯】

沖縄返還の際の財政・経済に関わる事項のうち、財務省として情報公開訴訟を受けている、いわゆる「柏木―ジューリック文書」の存否、並びに、同文書に記述のある「無利子預金」について、当省として徹底した調査を行った。

財政に関わる事項としては、すでに外務省の調査報告において、原状回復補償費の肩代わりの問題について一定の結論が示されているところである。

我が国財政を所管する当省としては、沖縄返還交渉に伴う財政・経済に関する各般の事項の全体像について総括的に捉える責務がある。そうした観点に立った、私なりの考えを述べながら、以下、今般の調査結果についてご報告する。

【柏木―ジューリック文書の位置付け】

調査対象とした「柏木―ジューリック文書」は、一九六九年一二月に日米両国の財政当局が合意し、沖縄返還に伴う経済・財政上の処理を進める根拠となったとされる文書である。

後ほど述べるように、財務省内の探索において、同文書は発見されなかったが、財務省職員が米国国立公文書館で取得した同文書の写しの冒頭の記載を忠実に読めば、同文書は、基本的には、その後の細部にわたる交渉を行う際に日米双方が従うべき指針について、一九六九年秋までに共有された理解を文書にしたものである。同文書は「無利子預金」と「米国への現金支払二億五〇〇〇万ドル、基地移転のための役務・物品の提供二億ドルの合計四億五〇〇〇万ドル」を内容としている。

これに対し、一九七一年六月に調印された沖縄返還協定では財政負担を「米国への現金支払三億二〇〇〇万ドル」としている。我が国政府はこれまで、「沖縄返還に際する支払い問題に関する日米間の合意は、沖縄返還協定が全てであり、密約は一切存在しない」としてきた。

一方、「柏木―ジューリック文書」と、最終的に公表された沖縄返還協定の支払いに関する部分との内容や金額の違いについては、これまでも様々な議論がなされてきた。そうした議論に関し、今般発表された外務省の有識者委員会報告書でも、

①米側資料の一つは、返還協定には、日本政府に配慮し、公にできないセンシティヴ

な面がある、それは、通貨交換、物品と役務及び施設改善のための七五〇〇万ドル等であると記している旨の記載や、

②日米の財政取り決めによる米国側の利益は、沖縄返還協定の三億二〇〇〇万ドルを超えることが、米側資料によって確認されている旨の記載がなされている。

以上のような点を踏まえ、「柏木―ジューリック文書」の性格や歴史的な位置付けについて、私なりの考えを述べたい。

当時の日米間には、沖縄返還に関連し、これまで日本政府が依拠してきた沖縄返還協定に定める三億二〇〇〇万ドルにとどまらない負担や、別途の使い途に関する秘められた約束があったと思われる。そして、「柏木―ジューリック文書」は、こうした最終的な秘められた約束に至る日米間の交渉の出発点になったものと考えられる。

同文書の存在は対外的に明らかにされず、そこから始まった交渉は、概ね沖縄返還協定へと取りまとめられたが、それとは別に、秘められた約束、あるいは私なりに総括すれば「広義の密約」になっていった部分もあると考える。財政・経済上の秘められた約束があったことは、以下述べる今般の「無利子預金」の調査結果からも、うかがうことができる。

【無利子預金の調査結果】

「無利子預金」は、先ほど述べたとおり、「柏木―ジューリック文書」の一項目であり、同文書では「沖縄返還に伴う通貨交換により取得したドル（六〇〇〇万ドルまたは実際の通貨交換額のいずれか大きい額）を少なくとも二五年間、米ニューヨーク連銀へ無利子で預金する」と記述されている。

これが財務省の管理する外貨準備の一環を成す可能性があることから、米国関係当局の協力も得て、沖縄返還当時から近年に至るまでの事実関係の推移の確認作業を行った。沖縄に流通していたドル現金と円現金の通貨交換は一九七二年五月に実施されているが、調査の結果、一九七二年末から一九九九年末までの間、財務省及び日本銀行がそれぞれ米ニューヨーク連銀に持っている口座の「最低限の無利子預け入れ残高」の合計額が、沖縄返還時の通貨交換の額（一億三四七万ドル）とほぼ同額に維持されていたことがわかった。

このように、通貨交換後の外貨準備の運用は、同文書の「無利子預金」の記述に概ね見合っている。また、財務省職員を米国に派遣し米国政府の協力も得て調査を進めた結果、米国政府においても、一九九九年の残高引き下げの際には、「日本国当局が一定期間、一定金額以上の『最低限の無利子預け入れ残高』を米ニューヨーク連銀に維持する」旨の日米間の理解についての認識があったことがわかった。
以上から、「無利子預金」については、「柏木―ジューリック文書」に記載された内容に沿った日米間の理解が、大筋において最終的な合意につながったことが推認される。日米がこうした理解に至った背景としては、当時、沖縄返還を契機として、沖縄に流通するドル現金を日本政府が保有し米国で運用すれば、米国には金利負担や国際収支の悪化が生じてしまい、逆に日本には棚ぼた的な利得が生じるのではないか、との、通貨交換特有の経済的問題についての問題意識が米国側にあったことが、各般の資料から、うかがわれる。

沖縄返還交渉という難しい交渉の中であったこととはいえ、こうした最終的な合意と、それに基づいた外貨準備の運用が、これまでに対外的に明らかにされてこなかったことは事実である。こうした取り扱いを「密約」とするならば、その意味での「密約」は存在したと言える。別の言い方をすれば、いわゆる「広義の密約」があったと言える。国民の一部から「無利子預金」の存在についての指摘がこれまでもあった中、今般の調査に至るまで、真相解明の努力がなされてこなかったことについては、遺憾であると言わざるを得ない。

【柏木―ジューリック文書の探索】

「柏木―ジューリック文書」自体の探索について申し添える。

藤井前大臣と私自身から徹底した調査を指示し、同文書を含め沖縄返還交渉に関する行政文書について、延べ一〇〇〇人以上を投入して、省内に現存する一四〇〇冊以上のファイルを対象に財務省内全部局において探索を行ったものの、その保有は確認できなかった。一方、財務省職員を米国に派遣し、情報公開訴訟の原告が同文書を入手したとする米国国立公文書館において、原告が主張するものと同一とみられる文書を確認し、写しを入手した。

【預金管理や文書管理上の問題点】

最後に、本件調査を通じて判明した、財務省の事務運営上の課題について一言述べたい。本件調査を通じて、一定額以上の無利子預金を維持する措置が継続されていたにもかかわらず、関連する事項が組織的に引き継がれていなかったことや、文書の保存管理において歴史的資料を残すとの観点が希薄であり、重要な歴史事実の検証が困難になっていることなど、組織としての事務運営の在り方の問題点が判明した。こういった点については率直に反省しなくてはならない。

　自らの資金運用に関する歴史事実の一端が米国側では保存されていたことも、謙虚に学ぶべき点である。当省としても、歴史を伝える責務を痛感し、重要な国際交渉に係る歴史資料の保存や国立公文書館への移管の徹底に最善を尽くして参りたい。

　外貨準備の運用についても、適切な運用に努めることはもとより、過去の運用記録が保存されていなかったとの今回の反省点に立ち、その長期的な残高データの管理の在り方について抜本的な見直しを行う。


【結語】

　外交にせよ、通貨交渉にせよ、相手との合意内容を国民に対して明らかにすればかえって国益を損なうようなケースはあると思う。そうした苦渋の判断を、今を生きる私たちが振り返り、簡単に批判することは出来ない。しかしながら、相手との合意が、その政策的役割を終えた後には、そうした歴史事実が存在したことを国民は知る権利がある。政府の行った重要な判断や措置について、適切な時期が来れば公開する、といったルールを整備していくことが、急務であると感じている。

†情報公開ルールを

この項の冒頭に書いたように、密約調査のような「過去の政権の検証」は、政権交代の最も大きな意義だ。同じ政党による政権が長く続けば、前の政権のしたことを批判的な視点で検証するのは難しい。政権交代が常態化すれば「自分たちの政治判断は遠くない将来に検証される」という緊張感が生まれる。その一点だけでも「政権交代のある政治」には大きな意味がある。

民主党の下野から九年近くが過ぎ、安倍・菅(すが)政権は緊張感を失い、国民にどう見られているかという発想を完全に失っている。公文書の管理は極めてずさんであり、政治判断の過程などは積極的に情報公開すべきであるという認識さえ欠落している。

外交の場合は相手国との関係もあり、リアルタイムですべてを明らかにするのが難しい。しかし今回の密約のケースは、アメリカではすでに文書が公開されている。そうした文書すら、日本政府はその存在すら明らかにしない。後述する硫黄島の遺骨収集についても同様である。

岡田大臣の奮闘もあり、外交文書については作成から三〇年が経過した文書は原則として公開することになった。しかし公開された文書は現在でも「黒塗り」が目立つ。公文書管理の厳格なルールが必要だ。

安倍・菅政権の場合、国内問題においても外部からの検証を極度に嫌う。総理主催の「桜を見る会」の招待者名簿を、野党議員による資料要求の直後にシュレッダーで破棄した問題は、記憶に新しい。

学校法人「森友学園」問題をめぐっては、財務省の決裁文書が改竄され、上司に改竄を指示された近畿財務局職員の赤木俊夫氏が自らの命を絶つ痛ましい事件も起きた。赤木氏がまとめた、改竄の経緯をまとめた文書「赤木ファイル」についても、財務省は長くその存否さえ明らかにしようとしなかった。麻生太郎財務大臣が指示すれば、もっと早く存在を明らかにできたはずだ。

二〇二一年六月に、「赤木ファイル」はようやく公開されたが、まだ疑問は多い。それなのに、調査を求める遺族やマスコミに対し、麻生財務大臣は調査の必要はないと言い切っている。岡田大臣とまったく逆だ。

情報公開にここまで消極的な安倍・菅政権は、民主主義の基本を理解していない。

3　子どもを社会全体で育てる――子ども手当・高校無償化の実現

民主党政権でもっとも成果をあげることができたのが、子育て・教育の分野だ。「チルドレン・ファースト」という理念を掲げ、具体的政策として、「子ども手当」と「高校無償化」は実現し、これは自公政権になってからも引き継がれ定着している。

だが、民主党政権にあった「子どもを社会全体で育てる」という理念は、自公政権では薄まった。

†子ども手当

「子ども手当」について、マニフェストでは、「一五歳（中学校修了）までのすべての子を対象とし、月額二万六〇〇〇円（年額三一万円）支給する」と記載した。これを実現するには、総額五・五兆円の予算が必要だった。初年度からいきなり五・五兆円を確保するのは難しいと思われたので、マニフェストでは、初年度は半額の月額一万三〇〇〇円から始めるとし、二〇一〇年度予算では月額一万三〇〇〇円の支給を実現した。

この「子ども手当」は選挙中から批判された。自民党の批判は、ひとつには「五・五兆もの財源があるはずがない」、そして「バラマキだ」というものだったが、根底には「自分で産んだ子は自分で育てるのが当たり前」という考えがあり、「子どもは社会全体で育てる」、つまり「子育ての社会化」という理念に反対していたのではないか。

なぜ民主党は「子育ての社会化」を考えたのか。年金・医療・介護を中心に高齢者の社会保障制度は整備されている。それは、現役世代が保険料・年金を払うことで支えられている。つまりはいまの子ども、これから生まれてくる子どもは、将来は高齢者の社会保障の支え手となる。したがって、子育ては子を産んだ親だけの責任として放置するのではなく、社会全体で責任を持つべきだ。

また社会保障の対象が高齢者に偏っているので、若い世代へ広げ、世代間のアンバランスの是正も必要だと考えた。

†介護保険制度を思い出す

このような「子ども手当」の理念そのものが、自民党には受け入れがたく、反対していたのではないか。自民党が子ども手当を執拗に攻撃・反対するのを見て、私は一九九六年に厚生大臣だったときに取り組んだ介護保険制度を思い出した。

介護保険制度は諸外国の状況を見て、日本にも早く導入しなければ大変なことになると考えられ、厚生省内で議論が重ねられていた。私もこの制度の必要性を認識していたので、積極的に取り組み、法案作成までこぎつけた。

橋本政権は、自民党・社民党・さきがけの三党連立で（私は当時さきがけに属していた）、政策については三党が合意しなければ法案は国会には提出されないルールになっていた。介護保険制度の創設は、自民党内に反対意見が強かった。「親の面倒は子が見るのが当たり前だ」という考えの議員が多かったのだ。反対する議員を説得する調整に時間がかかりそうだったので、私は法案の国会提出を断念し、後任の厚生大臣になった小泉純一郎氏に引き継ぎ、翌一九九七年に成立し、二〇〇〇年から実施された。

当時の議論では、自民党の一部の議員は、「介護保険ができると家族が崩壊する」と信じていた。しかし実際に介護保険制度が始まり、さまざまな介護サービスが事業化すると、多くのお年寄りが快適な暮らしができるようになった。同時にその配偶者や子、孫たちも介護から解放されて、気持ちにも経済的にもゆとりができ、そのお年寄りを敬うことができるようになったはずだ。介護保険のせい、つまり、高齢者がデイサービスやショートステイなどの介護サービスを受けられるようになったことで家庭が崩壊した話を聞いたことがない。

いま、「ヤングケアラー」と呼ばれる、祖父母や親、あるいは弟や妹の面倒をみなければならない中学生や高校生が多いことが問題になっている。親が仕事で自分の親の面倒をみることができず、子どもに介護させている、つまり中学生や高校生の孫が祖父母を在宅で介護しているケースが増えているのだ。これは美談ではない。そのなかには介護保険制度をよく知らず、役所に申請していないので、介護サービスが受けられていない例も多いと聞く。このように、制度の手が届かない環境のほうが、虐待なども生まれやすい。介護保険制度の拡充こそが、家庭を守れるのである。

介護保険制度は世界の潮流を見ても、いずれは日本にも導入されたと思うが、一九九七年に法律が成立したのは、自社さ政権だったことが大きい。自民党単独政権の下では、いくら厚生省ががんばっても、自民党の抵抗にあい、成立はもっと遅れ、多くの家庭で悲劇が生まれていただろう。

自民党の介護保険、子ども手当への反発は、旧い家族観、昔の「家」制度を守りたいという考え方が根底にあるのは間違いない。そう考える議員は、選択的夫婦別姓制度、LGBT差別解消法案にも反対し、抵抗している。

選択的夫婦別姓やLGBT差別解消が実現した場合、誰かが経済的損害を受けるわけではないし、巨額の財政出動を必要とするわけでもない。誰も損をしない。いま悩み、困っている人が助かるだけだ。自民党の一部の議員は、自分が夫婦別姓や同性婚などを認めたくないので、反対している。

これは理屈ではなく感情論での反対なので、余計に説得が難しいようだ。自民党とはそういう議員がまだ力を持っている政党なのだ。

†子ども手当の理念

さて、「子ども手当」に話を戻そう。

政権交代前から、「児童手当」という制度はあった。これは一二歳(小学校修了)までの第一子・第二子に月額五〇〇〇円、第三子からは一万円を支給するが、すべての世帯ではなく、世帯の所得制限があった。

民主党の子ども手当は、年齢を一五歳までに引き上げただけでなく、最も重要なポイントは「所得制限を設けず、すべての子どもに一律に支給する」ことだった。ひとりひとりの子どもにとって、親の収入は関係ない。家計の収入のいかんにかかわらず、すべての子どもに手当を支給することを目指したのだ。第一子と第三子を区別する理由もない。

高額所得者からは税などほかの方法で「取り戻す」という発想である。

「子ども手当」政策の背景にあるのは「控除から手当へ」という考え方だ。扶養控除や配偶者控除といった所得税の各種控除は、制度が複雑である上に、高所得者に有利だったり、ひとり親家庭に不利だったりと、総じて所得再分配機能が弱い。

　これを「手当」というシンプルな直接給付の形に振り替えることで、所得再分配機能を高め、相対的に支援の必要な人に有利な制度にするという狙いがあった。

　しかし、こうした民主党の考えに、政権交代後も、野党となった自民党は「財源を無視した『バラマキ政策』」、「『自助』の考えが欠如している」と批判した。

　自民党の進める政策は「自ら努力する人を、国が応援する」ことが基本であり、子育ても、一義的には家庭でなされるものと考える。しかし民主党政権は「子どもを社会全体で育てる」ことを第一義としたので家庭における子育てを軽視していると自民党は批判したのだ。家庭を軽視しているというのは言いがかりも甚だしく、家庭を重視するから、そこに直接給付したのである。

　自民党は、厳しい財政事情のなか、高収入の家の子どもたちにまで「子ども手当」を支給する財政的な余裕はない、「所得制限」をなくすと、今まで児童手当を支給されなかった高収入世帯ほど有利になるとも批判した。この自民党による批判が、「なぜ金持ちにも支援するのか」という国民感情と結びつき、子ども手当に厳しい視線が向けられるようになってしまった。実際には「金持ち」は少ないのだから、全体の中で金持ち優遇になる例は少ない。前述のように、高所得世帯にも一律に支給し、税など他の方法で払ってもらうというのが、民主党の考えだった。

一般に自民党は普段は金持ち優遇政策を取る。それなのに「子ども手当」のときだけ、金持ち優遇と批判したのは、まさに批判のための批判だったからだ。

自民党はコロナ禍でも、結果として全国民に一律一〇万円を支給したが、その決断は遅かったし、二転三転した。基本的に、自民党は一律に支給することを嫌うのである。なぜか。

政治家にとって、最も大きな権力は公的支出の対象の「選択」である。「あなたには、私の裁量で、給付金が出ることになりました」と言いたい。そうすれば感謝され、次の選挙でも票を入れてくれるし、企業の場合は献金をしてくれる。政治家がそう言えるためには、行政の裁量の余地が大きければ大きいほど、いい。

自民党は官僚と結び付き、行政の裁量権を共有して、権力を維持してきた。だから、本能的に一律給付に拒絶反応を起こすのであろう。

「子ども手当」は「助かった」と喜ばれた半面、「バラマキ」との強い批判も受けた政策であった。しかし、個別の政策を評価するにあたっては、表面的な政策の内容だけでなく、その背景にある理念にも、ぜひ目を向けていただきたいと思う。

その理念に気づいた自民党が起こした拒絶反応も、忘れてはならない。

†「子ども手当」のその後

さて、「子ども手当」だが、初年度（二〇一〇年度）は恒久的な財源を確保できなかったため、法律上は一年限りのものとなっており、翌年も新たな法律が必要となった。

しかし二〇一〇年の参院選の敗北で「ねじれ国会」となっていたため、二〇一一年度予算に組み入れるには、自民、公明両党の賛成なしには、法案の成立は困難な状況となった。そこで協議の結果、野田政権になってから、自民党・公明党との三党合意で「子ども手当」の名称を「児童手当」に戻し、支給額も年齢ごとに五〇〇〇円から一万円とした。さらに、児童養護施設の児童等を含め、すべての子どもたちを支援できるように改善した。

その一方、夫婦と子ども二人で年収九六〇万円以上の世帯に対して、所得制限が設けられることになった（対象世帯に「当面の措置」として月五〇〇〇円を支給するとした）。

その結果、一律に支給することで、子どもを社会全体で育てるという理念は薄れてしまったが、制度の存続を優先させた。

児童手当は民主党下野後も、安倍・菅政権に引き継がれた。本書執筆現在は原則、三歳未満は一人月一万五〇〇〇円、三歳から中学校卒業までは一人月一万円（第三子以降は一万五〇〇〇円）となっている。二〇二一年五月に、改正児童手当法が成立したことにより、児童手当のうち高所得者向けに給付されている一人月五〇〇〇円の「特例給付」が、二〇二二年一〇月から廃止されることになった。所得制限に対する自民党の強い「熱意」がうかがえるというものだ。

†待機児童解消

「子ども手当」に対しては、自民党とは別の反対もあった。実際に子育てをしている世代で、比較的所得の高い層から、「現金の支給よりも保育所を増やしてほしい」という声が上がったのだ。これは、別の問題を混同しての批判というか要望なのだが、保育所が足りないことも解決しなければならない問題であり、民主党政権では保育所の定員を増やすことにも力を入れた。

政権交代後、二〇一〇年一月に閣議決定した計画に基づき、一四年度までに保育の受け皿を二四六万人にすることを目指した。

私の内閣では二〇一〇年一〇月に「待機児童ゼロ特命チーム」を設置した。待機児童解消については、長い間の懸案事項であった幼保一体化等にも精力的に取り組んだが、在任中は本格的な成果を上げるまでに至らなかった。

それでも、待機児童の解消に向けて、保育所や家庭的保育を拡充し、その結果、保育サービスの定員を、一〇年度は約二・六万人、一一年度は約四・六万人増員できた。二〇一二年八月には、子ども・子育て支援関連三法を成立させている。

†高校無償化

義務教育は中学までだが、実質的にほとんどの生徒が高校へ進学している。にもかかわらず、経済的事情で中退を余儀なくされている生徒も多かった。

そこでマニフェストには、公立高校の授業料無償化、私立高校では授業料の一定額助成制度を掲げた。

子ども手当は前述のように、単年度ごとに法律を作って対応したが、高校無償化は、二〇一〇年の通常国会で「公立高等学校に係る授業料の不徴収及び高等学校等就学支援金の支給に関する法律」が成立し、同年四月から制度開始となった。

この法律の名称通り、公立の高校は授業料不徴収となり、私立高校については世帯の収入に応じて、年額一一万八八〇〇円、一七万八二〇〇円（年収約二五〇万円から約三五〇万円未満程度世帯）、二三万七六〇〇円（年収約二五〇万円未満程度世帯）を支給した。

これにより経済的理由による高校中退者数が年々減少し、民主党政権前の二〇〇八年度は二二〇八人が中退していたのが、〇九年度は一六四七名、二〇一〇年度は一〇七三名に減った。

学びたい高校生が学び続けられる環境を整えることができた。

†大学生のための奨学金制度

大学生に対しても経済的な支援策を進めた。

大学授業料の減免者の比率を三〇年ぶりに引き上げ、二〇一二年度には、約一〇万四〇〇〇人に拡大された。

また、奨学金貸与人員を一九万人増加し（〇九年度比）、特に無利子奨学金を四万人（〇九年度比、一二パーセント増）拡充した。

その結果、二〇〇八年度には有利子奨学金貸与者が七五万人だったのが、二〇一二年には九六万人、無利子奨学金は、二〇〇八年度には三四万人だったのが、二〇一二年度には三八万人に増やせた。

しかしこの後、二〇一五年頃から、奨学金のおかげで大学へ進学できたが、卒業時点で数百万円の借金を背負うことになっている学生が多いという話を聞くようになった。ちょうど、安保法制反対で、ＳＥＡＬＤｓ（シールズ＝自由と民主主義のための学生緊急行動）

の学生たちと会う機会が増え、奨学金返済のため、経済的なゆとりがなく、結婚もできない若者が出ていると知った。

うかつではあったが、大学の授業料がかなり高くなっていることも知った。医学部が高いのは知っていたが、文系の学部でも四年間で五〇〇万円近くになる大学もある。この三〇年間ほどデフレが続いているので他の物価は下がっていたなか、なぜ大学の授業料は値上がりしているのか。このへんも検証したい。

大学は国立大学が独立行政法人となるなど、新自由主義的な改革がなされた。その結果、教授たちは研究費が削られたと嘆いている。学生から取った高い授業料は、いったい何に使われているのか。

ともかく、在学中は返済しないでいい点で金融機関の教育ローンとは異なるにしても、二〇代前半でいきなり五〇〇万円近い負債を背負って社会人デビューするのは、気の毒というか理不尽である。

まずは、大学授業料を減免し、給付型をはじめとする奨学金の拡充をすべきであり、現在、返済中の人への支援も考えたい。

これらの財源については、「奨学金国債」もアイデアのひとつだ。名称は「教育国債」でも「子ども国債」でもいい。高度成長期は、道路や橋の整備のために建設国債が発行された。いま必要なのは、教育への投資だ。福祉、文教政策とは別の観点も必要だ。

†子ども家庭省の設置

菅義偉首相は、「子ども庁」の創設を言い出し、自民党内でも検討しているようだ。

先陣争いをするわけではないが、民主党は二〇〇九年のマニフェストで、「子ども家庭省」の設置を検討すると掲げていた。

それを実現すべく、協議を重ね、二〇一二年の通常国会で「子ども・子育て支援法」が成立し、附則として、交付後二年を目処として、「総合的な子ども・子育て支援を実施するための行政組織の在り方について検討を加える」ことになっていた。

民主党政権ではここまでしかできなかったが、その後の自公政権では何も進んでいなかった。

それが突然、菅義偉首相の口から「子ども庁」という言葉が出てきたのには、正直、驚いた。

立憲民主党も対案として「子ども省」設置を協議している。

4 脱原発、再生可能エネルギーの普及――エネルギー政策の大転換

†原発事故後のエネルギー政策の大転換

東電・福島第一原発事故を契機に、電力、エネルギー等、国民生活のあり方そのものが根底から問い直されることになった。

「3・11」を経験した総理の責務として、私は原子力政策、エネルギー・環境政策の根本からの改革に着手した。これらはマニフェストには記されていなかったが、政権として実行していった。

三年に一度改定されることになっている政府の「エネルギー基本計画」は、私が総理に就任した直後の一〇年六月に第二回改定（第三次計画）が閣議決定された。この二〇一〇年の計画では、二〇三〇年に向けた目標として、エネルギー自給率（現状一八パーセント）、化石燃料の自主開発比率（現状約二六パーセント）をそれぞれ倍増させ、自主エネルギー比率を約七〇パーセント（現状約三八パーセント）とした。

さらに、電源構成に占めるゼロ・エミッション電源（原子力及び再生可能エネルギー）の比率を約七〇パーセント（二〇二〇年には約五〇パーセント以上）とするとなっていた。つまり、二〇一〇年の計画では、二〇二〇年には原発と再生可能エネルギーとで五〇パーセントにすることになっていた。だがゼロ・エミッション電源の大半は原発だったので、実質的には原発の新規建設を進め、少なくとも二〇三〇年までに一四基以上を増設するというものだった。

このエネルギー基本計画が出てから一年もたたないうちに福島第一原発の事故となった。私は二〇一一年三月三一日に、「エネルギー基本計画を白紙に戻して見直す」と表明した。「一四基以上を増設する」という計画を白紙撤回したのだ。さらに、既存原発について緊急的な事故防止策を実施した。何より、国民の安全・安心を優先した結果の対応である。五月六日には、内閣総理大臣として、中部電力に対し浜岡原発の停止を要請し、東海地震の危険性の高い同原発の運転が停止した。

さらに定期検査後の原発の再稼働問題等に関連し、七月一一日、全原発を対象とする、ストレステストを参考にした安全評価の導入等を発表した。これによって定期点検中の原発の再稼働がしにくくなり、実質的な原発ゼロが実現していく。各地の原発は定期点検のために運転が止まっていったため、二〇一二年五月には、国内で稼働する原発はゼロとなった。このときは二か月だけで「原発ゼロ」は終わったが、二〇一三年九月から一五年八月までの約二年にわたり原発ゼロとなった。原発がなくても電力不足にならないことは実証されている。

七月一三日の記者会見では、「原発に依存しない社会を目指すべきだと考えるに至った。計画的、段階的に原発依存度を下げ、将来は原発がなくてもやっていける社会を実現していく」と「脱原発依存宣言」をした。

長年にわたり、自民党・経産省・電力会社はもたれあってきたので、これらは民主党政権だったからこそ可能な大転換だった。

†原子力行政改革

福島第一原発事故で明らかになったのは、原子力を推進する立場の経産省内に、原子力の安全を管理し規制する立場の原子力安全・保安院があることだった。その原子力安全・保安院が事故対応において、ほぼ何の役目も果たせなかった。

そこで、原子力安全・保安院を組織として完全になくし、経産省から切り離して、原子力規制委員会を作る改革に着手した。これは「行政改革」としては、画期的なことだった。日本の官僚組織は強いので、どの省でも自分のところの部局のひとつがなくなったり、他と統合されるとなると、抵抗する。だが、このときはさすがに経産省も抵抗はできなかった。

原子力規制委員会とその事務局である原子力規制庁の設置法が成立したのは野田内閣のときだが、私の在任中に道筋を作っておいた。

電力は経産省が所管しているので、原発も経産省の「資源エネルギー庁」が推進する立場として所管していた。一方、安全を管理し規制する立場の「原子力安全・保安院」も経産省のなかにあった。そのため、同じ官僚が経産省内の人事異動で、推進の資源エネルギー庁と安全・保安院をいったりきたりしていた。さらには保安院にいた官僚が電力会社に天下る。これでは、まともな規制ができるはずがない。

それでも専門家がいったりきたりしているのなら、まだいい。事故当時の原子力安全・保安院の院長は、原子力について何も知らない、東大経済学部出身者だった。経済学部を出たので経産省に入り、出世していき、空いていたポストが保安院長だったのだろう。私はそれまで厚生大臣と財務大臣を経験していたが、たとえば年金局長は年金について詳しかったし、主税局長は税について詳しかった。何も学者なみの専門家である必要はないが、組織のトップが素人というのは初めてだった。そんな素人でも務まるポストだったということは、安全管理や規制も緩かったことを示している。

経産省ではこのような人事が平然となされていた。その結果、事故のときに保安院は総理である私に対し説明すらできず、何も機能しなかった。

この反省に基づき、原発の規制部門は推進する立場の経産省からは完全に切り離す必要があった。これには当時は野党だった自民党も反対はできず、前例のない早さで、行政改革が進んだのである。

二〇一一年八月には放射性物質汚染対処特措法を制定した。これは福島第一原発の事故で放出された放射性物質による環境汚染の対処を、環境省が所管すると定めた法律である。大事故は起きないという前提だったので、事故が起きたときに放射性物質による環境汚染をどの省が担当するのかも決まっていなかったのだ。

この法律で、原発の安全確保の規制を環境省が担当する道筋ができ、原子力規制委員会の事務局としての原子力規制庁が環境省の外局となる。さらに原子力規制委員会は独立性の高い国家行政組織法第三条二項が規定する「行政委員会」になることも、その後の国会審議で決まっていく。いわゆる「三条委員会」と呼ばれるものだ。

原子力規制庁へ行った官僚は、その後の人事異動で経産省へは戻れない仕組み、「ノーリターン・ルール」も作った。

†再生可能エネルギーの全量固定価格買取制度（FIT）の導入

再生可能エネルギーの普及を目的とし、電気事業者に再生可能エネルギーの全量買い取りを義務化する「電気事業者による再生可能エネルギー電気の調達に関する特別措置法」（再エネ特措法、FIT法）の制定によって、日本の再生可能エネルギー発電は飛躍的に拡大を続けた。

偶然だが、この法案は東日本大震災と東電福島第一原発事故が起きた二〇一一年三月一一日に閣議決定され、国会に提出されている。原発事故が起きたために作られたものではない。二〇〇九年のマニフェストにも掲げられていたものだった。

この法律では、電力会社は太陽光や風力などで発電した電力を、固定価格で買い取らなければならないと定めた。これによって、多くの企業が再生可能エネルギー事業を始めることになった。普及させるためには、発電事業者が「これなら利益が出せる」と思える価格でなければならないので、高めに設定し、最初の二〇一二年には太陽光発電では一キロワットあたり四二円となった。

私は当時首相として震災と原発事故の対応に追われていたが、そのさなかに野党が菅内閣に対する不信任決議案を提出した。民主党内でも不信任決議案に賛成する動きがあり、私は「やるべきことをやって、一定の目処がついた時点で退陣する」と表明した。不信任決議案は否決されたが、この事態を受け私は「いつ退陣するか」を問われた。そこで、退陣の三条件として、このFIT法、第二次補正予算、公債特例法の成立を挙げた。そして三つとも成立したので、八月下旬に辞任を表明する。

このFIT制度導入により、その後の再生可能エネルギー発電は飛躍的に拡大を続けた。導入以前は水力発電が全電力の一〇パーセント前後で、それ以外の再エネ発電はほとんどなかった。しかしこの一〇年間で太陽光発電を中心に再エネ発電が大きく伸び、水力を含めて約二〇パーセントになっている。

太陽光発電が伸びたのはFIT制度により、太陽光発電事業の採算が取れるようになったからだ。今後は農地を活用し、耕作を続けながら太陽光発電をする営農型太陽光発電(ソーラーシェアリング)を普及させれば、理論上は、日本の電力消費量をすべて再エネ発電によって賄うことも可能である。

†原発「四〇年ルール」

原発の再稼働のハードルを高くし、実質的に再稼働を不可能にすることもかなりうまくいった。その後に原子力規制委員会が作った新基準はかなり厳しいもので、クリアするには膨大なコストがかかるので、廃炉を決めた原発も多い。

原発については、政権を取っている間に、後戻りできないところまで法整備をしておきたかったが、中途半端な状態で、政権を自民党に渡してしまったのは残念だ。

いま、自民党が骨抜きを画策しているのが、原発の四〇年ルールである。野田政権時代の二〇一二年六月に、自民党も賛成して、「原発は運転開始から四〇年が過ぎたら停止し廃炉にする」法律が制定された。

しかし改正された原子炉規制法に、運転開始から四〇年を過ぎても、「二〇年を超えない期間の延長も認める」という例外規定があったため、経産省と電力会社は「老朽原発」を再稼働しようとしている。すでに福井県にある関西電力の美浜原発の三号機が再稼働し、高浜原発一号機、二号機も原子力規制委員会は新基準を満たしていると了承し、立地自治体も同意した。安倍・菅政権は原発政策でも逆行しているのだ。

今後も老朽原発を動かそうという動きは出てくると予想される。

†二〇三〇年代に原発ゼロにする「革新的エネルギー・環境戦略」の策定

私は二〇一一年七月二九日に、閣僚会議としての「エネルギー・環境会議」を開き、内閣として「原発依存度を低減させる」ことを決定した。その後、野田政権にこの会議は引き継がれ、二〇一二年九月に「革新的エネルギー・環境戦略」を決定した。

この戦略では、「二〇三〇年代に原発稼働ゼロを可能とするよう、グリーンエネルギー拡大等に向けて、あらゆる政策資源を投入する」という基本方針が明記された。「原発ゼロ」が国の方針として明記されたのである。

特筆すべきなのは、この策定にあたって「討論型世論調査」と呼ばれる方法で国民の声を反映させたことだ。政府が討論型世論調査を実施したのは、これが初めてだった。

世論調査といっても、一般的な調査とはかなりやり方が違う。まず不作為に電話をかけて原発への賛否を問うところまでは通常の世論調査と一緒だが、回答者の中から同意を得られた人に対し、あらかじめ資料を送って事前に読んでもらった上で一泊二日の「討論会」に参加してもらい、エネルギー問題について学習した上でグループ討論し、討論前と後での意見の変化を分析する、というものだ。

討論型世論調査は二〇一二年七〜八月にかけ、三段階に分けて行われた。二〇三〇年における原発の電源構成比について「ゼロ」「一五パーセント」「二〇〜二五パーセント」の三つの選択肢を用意し、まず無作為に選ばれた六八四九人を対象に通常の世論調査を行う。その中から二日間の討論会に参加した二八五人について、討論前と討論後の二度回答してもらった。

政府内では、討論するうちに中間の「一五パーセント」に集約されるのではないか、との見方が出ていたが、実際には討論すればするほど「ゼロ」を支持する参加者が増えていった。最初の世論調査で「ゼロ」を支持した割合は全体の三二・六パーセントだったが、討論前の段階では四一・一パーセント、討論後には四六・七パーセントまで高まった。「原発ゼロ」を目指す私にとっても心強い調査結果ではあったが、それもさることながら、政策立案にあたり国民の声、それも刹那的な声ではなく「熟議」によりもたらされた声を反映させたというプロセスも、民主党政権ならではのものだったと考えている。

このシステムは、私の内閣で民間から登用したジャーナリストの下村健一氏が中心になって作り上げた。下村氏とは彼が学生時代からのつきあいで、TBSでジャーナリストとして活躍した後、フリーランスになっていたので、二〇一〇年秋に、広報担当の内閣審議官になってもらった。

下村氏は最初は私の広報を担当してくれ、三月一二日早朝の福島第一原発への視察にも同行している。下村氏の任期は二年だったので、私が退任した後の野田政権でも残り、いわゆる「お役所言葉」を、どうやったら一般の国民にわかりやすい文章にできるか苦心していた。そして広報の立場から「革新的エネルギー・環境戦略」策定にも携わっていた。

しかし、この「革新的エネルギー・環境戦略」は安倍政権では無視され、原発再稼働への動きが始まったのである。

民主党政権が続き、この基本方針通りに、あらゆる政策資源が原発ゼロ実現のために投じられていれば、再生可能エネルギーの分野で日本がこんなにも立ち遅れることはなかった。残念でならない。安倍晋三氏は二〇一二年の総選挙のときは「脱原発」らしきことを表明していたが、いつの間にか忘れたようだ。

5 現実主義的外交——菅(かん)政権での外交実績

外交については、私の政権で外交・安全保障についてどう取り組んだかを記しておきたい。

†現実主義外交

国際政治経済環境の変化を踏まえた「現実主義外交」を基調とし、五つの柱を軸にした政策を一貫して推進した。すなわち、①日米基軸、②アジア外交の新展開、③経済外交の推進、④地球規模の課題への取り組み、⑤安全保障環境に対しての的確な対応、以上の五つである。

日米同盟を基軸とすることを改めて明確に位置づけ、日米関係を修復し、日本の外交・安全保障を立て直した。尖閣諸島が日米安保の適用対象であることを明確化した。

二〇一一年六月の日米安全保障協議委員会（2プラス2）では、民主党政権として初の日米安全保障体制に関する本格的な共同文書を発表し、共通の戦略目標を再確認した。

鳩山政権で頓挫した普天間(ふてんま)問題については、大きく進展させるには至らなかったが、飛行場の移設計画に関し検証と確認を完了し、普天間移設・グアム移転の二〇一四年の目標を見直すことで一致した。

また沖縄の負担軽減に尽力することを明確に示すことで、日米関係の混乱を収束させ、良好な状態に戻したつもりだった。

東アジアの安全保障にアジアの同盟国とともに取り組む方針を定めた。その中で、韓国をアジアにおける最も重要な同盟国として位置づけ、安全保障面・経済面での関係強化を進めた。

中国とは、尖閣諸島については、領有権の問題は存在していないとの立場を堅持し、中国の海洋活動に対しても、米国、アジア諸国と協調し、国際的な行動規範の順守を促した（尖閣諸島での中国漁船の衝突事件については別に記した）。

一方で中国との二国間の関係については冷静に対応し、中国とは、ハイレベルの意思疎通、戦略的互恵関係の更なる深化を行うことで一致し、頻繁に首脳会談を実施した。二〇一一年六月には、日中防衛交流を早期に再開することで合意した。

†韓国との未来志向の関係強化

日韓関係を対アジア外交の中核と位置づけ、未来志向の日韓関係を強化した。特に、日韓併合一〇〇年の節目の年に合わせて総理談話を発表し、日韓図書協定を締結し、関係改善を実現した。

談話の全文は以下の通りである。

本年は、日韓関係にとって大きな節目の年です。ちょうど一〇〇年前の八月、日韓併合条約が締結され、以後三六年に及ぶ植民地支配が始まりました。三・一独立運動などの激しい抵抗にも示されたとおり、政治的・軍事的背景の下、当時の韓国の人々は、その意に反して行われた植民地支配によって、国と文化を奪われ、民族の誇りを深く傷付けられました。

私は、歴史に対して誠実に向き合いたいと思います。歴史の事実を直視する勇気とそれを受け止める謙虚さを持ち、自らの過ちを省みることに率直でありたいと思います。痛みを与えた側は忘れやすく、与えられた側はそれを容易に忘れることは出来ないものです。この植民地支配がもたらした多大の損害と苦痛に対し、ここに改めて痛切な反省と心からのお詫びの気持ちを表明いたします。

このような認識の下、これからの一〇〇年を見据え、未来志向の日韓関係を構築していきます。また、これまで行ってきたいわゆる在サハリン韓国人支援、朝鮮半島出身者の遺骨返還支援といった人道的な協力を今後とも誠実に実施していきます。さらに、日本が統治していた期間に朝鮮総督府を経由してもたらされ、日本政府が保管している朝鮮王朝儀軌等の朝鮮半島由来の貴重な図書について、韓国の人々の期待に応えて近くこれらをお渡ししたいと思います。

日本と韓国は、二〇〇〇年来の活発な文化の交流や人の往来を通じ、世界に誇る素晴らしい文化と伝統を深く共有しています。さらに、今日の両国の交流は極めて重層的かつ広範多岐にわたり、両国の国民が互いに抱く親近感と友情はかつてないほど強くなっております。また、両国の経済関係や人的交流の規模は国交正常化以来飛躍的に拡大し、互いに切磋琢磨しながら、その結び付きは極めて強固なものとなっています。

日韓両国は、今この二一世紀において、民主主義や自由、市場経済といった価値を共有する最も重要で緊密な隣国同士となっています。それは、二国間関係にとどまらず、将来の東アジア共同体の構築をも念頭に置いたこの地域の平和と安定、世界経済の成長と発展、そして、核軍縮や気候変動、貧困や平和構築といった地球規模の課題まで、幅広く地域と世界の平和と繁栄のために協力してリーダーシップを発揮するパートナーの関係です。

私は、この大きな歴史の節目に、日韓両国の絆(きずな)がより深く、より固いものとなることを強く希求するとともに、両国間の未来をひらくために不断の努力を惜しまない決意を表明いたします。

二〇一〇年三月の韓国哨戒艦天安号の沈没事件には、日韓及び日韓米での緊密な連携により対応し、二〇一一年七月には日韓米で北朝鮮問題や海上安全保障で連携していくことを確認した。

二〇一一年五月の首脳会談では、「日韓原子力安全イニシアティブ」「東北地方復興・観光のための日韓パートナーシップ」等で一致した。

†第四回　日中韓サミット

二〇一一年の東日本大震災後の五月二二日に東京で開催された第四回日中韓サミットでは、東日本大震災に関する中韓両国の支援及び連帯が表明され、その前日には、中国、韓国の両首脳とともに、仙台及び福島の被災地、避難所の訪問を実現した。

サミットでは、三カ国の地理的近接性等にかんがみて、災害や困難に直面した際に互いに助け合うことの重要性を共有した。

首脳会議では、日中韓サミット首脳宣言及び「原子力安全協力」「再生可能エネルギー及びエネルギー効率の推進による持続可能な成長に向けた協力」「防災協力」の三つの付属文書を発出した。

†ロシアとの関係強化

ロシアに対しては、政治と経済を車の両輪として進めつつ、最大の懸案である北方領土問題を解決して平和条約を締結すべく静かに取り組んできた。

東日本大震災後、ロシア政府は「日本は隣国で、最も重要なパートナーである」と表明した。二〇一一年五月の首脳会談においては、領土問題解決のための協議と経済協力のための協議を、首脳同士を含め進めていくことで合意した。

ロシアの提案を受け、原子力・エネルギー等の分野での協力を進めていくことを確認し、エネルギー分野での実務レベルの協議を開始した。

経済外交の推進

経済外交を外交・安全保障の柱のひとつと位置づけて、官民一体で推進した。

特に、ベトナムにおける原発受注は今では間違っていたと反省しているが、モンゴル、インド、カザフスタン、ベトナム等との資源外交は、中国とのレアメタル問題が深刻化した時期において、有益だった。

経済連携については、「包括的経済連携に関する基本方針」を定めて着実に進めてきた。二〇一一年五月に日・ペルーEPAに署名、八月に日・インドEPAを発効し、また懸案であった日EU・EPAについて、二〇一一年五月のEUのファン・ロンパイ大統領との会談で、予備交渉の即時開始に合意した。

二〇一〇年はAPEC議長として、アジア太平洋自由貿易圏（FTAAP）の構築に向け具体的な行動を取ることで合意した。

FTAAPに向けた道筋の中で唯一交渉が開始している環太平洋パートナーシップ（T

PP）協定について、農林漁業の再生と合わせて検討を開始した。

†開国と絆

「現実主義」外交を進めながら、「開国と絆」の理念を貫いた。

二〇一〇年九月二二日、ニューヨークで開かれたMDGs国連首脳会合では、保健・教育分野への協力を「菅コミットメント」として表明し、アフリカなど新興国との「絆」を、ODAを通じて深めていくことを発表した。

「菅コミットメント」は、WHO事務局長や各国首脳に高く評価され、その成果も、二〇一一年八月に開始したゲイツ財団との連携によるパキスタンでのポリオ撲滅事業など、着実に実施されている。

二〇一〇年一〇月から一一月は、議長を務めた横浜APEC首脳会議のほか、以下の国際会議を通じて、地域外交の強化を図るとともに、経済連携を含む日本の「開国」を、世界に広くアピールした。

・一〇月四、五日　アジア欧州会合第八回首脳会合（ASEM8）
・一〇月二九～三一日　ASEAN＋3
・一一月一一、一二日　G20ソウル・サミット

・一一月一三、一四日　横浜APEC首脳会議

以上のように、一〇年前の三年余りの民主党政権は、現実主義的外交を基調とし、従来どおりの日米関係を基軸に、アジアの近隣諸国との友好関係維持に心を砕いた。

しかしその後の一〇年の間に、経済・軍事・科学技術などすべての面で中国の存在感が増してきた。アメリカのバイデン政権は中国を取り巻く各国の民主主義政権との連携で、中国の行き過ぎた動きを抑制する枠組の強化を図っている。

日本も民主主義を尊重する立場に立って、各国と連携して行動するとともに、日本自身の弱体化した経済、科学技術などの立て直しに力を注ぐことが重要だ。

6　暮らしと働く人を守る——年金・医療・雇用の改革

†一三〇〇万人の年金記録を回復

「消えた年金」問題とは、旧社会保険庁による年金記録の管理がずさんだったため、約五

一〇〇万件の記録が宙に浮き、国民に本来もらうべき額より少ない額の年金が支給されていた可能性があった問題である。政権交代前の第一次安倍政権当時に、野党だった民主党が暴き、安倍政権が倒れることにつながった。政権交代を経て、民主党は政権与党として、この問題に向き合うことになった。

民主党政権最初の厚労相は、野党時代に「消えた年金」問題追及の先頭に立った長妻昭氏だった。政権としてこの問題の解明に向け、二〇一〇〜一三年度を「集中処理期間」として急ピッチで作業を進めた結果、「ねんきん特別便」等により一六四七万件（約一二九六万人）の記録を統合し、一三〇〇万人、一・六兆円の年金記録を取り戻した。

また紙台帳とコンピュータ記録の全件照合（約七九〇〇万人分）を開始し、二〇一二年五月の時点で、受給者の記録のうち七〇パーセントを終了した。

二〇一一年二月からは、自分の年金記録（加入期間・未加入期間）をインターネットで確認できる「ねんきんネット」の運用を開始した。

年金記録が誤っている可能性の高い受給者に対しては、その誤りが一定条件に該当する場合は、総務省年金記録確認第三者委員会の斡旋を経ないで、年金事務所のみで記録訂正ができるようにした。

年金記録を訂正した人が、本来の受給額を回復するまで、二〇〇九年には約一〇カ月かかっていたが、二〇一二年八月には、約四・一カ月に短縮できた。

とはいえ、民主党が下野する前の一二年九月時点で解明できたのは二八七三万件（一三〇九万人）だった。この二年間で年金が一〇〇〇万円強増えた人は八六七人で、最も多い人は、なんと三二七〇万円も増えたという。だが、すべての年金を取り戻すまでには至らなかった。

†年金制度の抜本的改革

年金についてはマニフェストでは、年金制度の一元化、所得比例年金と最低保障年金の創設といった抜本的改革を掲げたが、これは着手に留まった。

年金制度は、政権交代のたびに変わったのでは国民が困る。与野党で協議し合意を得るべきと考えたからだ。

参考までに、民主党として提示していた年金制度を記しておく。

年金はすべての国民が入る国民年金、会社員などが加入している厚生年金、公務員や私立学校職員が入る共済年金の三種類に分かれている。そのため会社を辞めて自営業者になったり、その逆など職業の移動のたびに手続きが必要だ。そこで年金制度を例外なく、一元化する。

その上で、すべての人が、所得が同じならば同じ保険料を負担し、納めた保険料を基に受給額を計算する「所得比例年金」を創設する。

さらに消費税を財源とする「最低保障年金」を創設し、すべての人が月額七万円の年金を受け取れるようにする。「所得比例年金」を一定額以上受給できる人には「最低保障年金」を減額する。

以上がマニフェストに記載した年金制度で、政権交代から四年目となるはずだった二〇一三年までに法律を成立させるとなっていた。

この「所得比例年金」と「最低保障年金」の組み合わせからなる公的年金制度の制度設計の骨子案を党内で検討していた。

現実には、二〇一二年の通常国会で成立した「社会保障制度改革推進法」により、今後の公的年金については財政の現況及び見直し等を踏まえ、社会保障制度改革国民会議において検討し、結論を得ることになった。さらに民主・自民・公明の三党で交わした「確認書」では、今後の公的年金制度にかかる改革については、あらかじめ内容について三党間で合意に向けて協議することになった。

しかし、安倍政権は確認書を反故(ほご)にし、年金制度の改悪に向かった。

†新型インフルエンザ対策

いま、世界はコロナ禍にあるが、民主党政権の二〇一二年も、中東呼吸器症候群（MERS）というコロナウイルスによる感染症がアラビア半島で発生し、ヨーロッパにも拡大した。その前には、二〇〇二年から〇三年にかけ、やはりコロナウイルスによる重症急性呼吸器症候群（SARS）がアジアやカナダを中心に拡大した。また、民主党に政権が交代する直前の二〇〇九年五月には、世界的に流行していた新型インフルエンザの国内初感染が確認され、この対応は政権交代をまたいで民主党政権に引き継がれた。

こうした事態を受け、新型インフルエンザに関し、危機管理・情報共有体制を再構築した。具体的には、ガイドライン、関連法制を全面的に見直し、診療・相談・治療体制の拡充を図り、ワクチン接種体制を整備することだった。

まず、二〇一一年七月に、予防接種法を改正し、今後生じうる「感染力は強いが、病原性の高くない新型インフルエンザ」に対応する新たな臨時接種法を創設した。

新たな新型インフルエンザの発生に備え、流行時に即座に対応するワクチン（プレパンデミックワクチン）を備蓄した。

全国民分のワクチン（パンデミックワクチン）について、生産期間を約半年に短縮するためのワクチン開発・生産体制の整備を推進した。

二〇一一年九月の新型インフルエンザ対策閣僚会議において新型インフルエンザ対策行動計画の改定を決定した。

これらをまとめ、二〇一二年の通常国会で、新型インフルエンザ等対策特別措置法が成立した。

民主党政権ではここまでのことをした。しかし、安倍・菅（すが）政権は新型コロナウイルスの感染が始まった時、この特措法を活用できず、後手後手の対応に終始したのである。

†肝炎患者の支援

肝炎対策基本法が二〇〇九年一一月に可決・成立し、これにより肝炎医療費の自己負担限度額を原則一カ月あたり一万円に引き下げた（それまでは所得に応じて一万円・三万円・五万円）。また希望者が無料検診を受けられるようにし、医療費助成の対象に核酸アナログ製剤治療を追加した。二〇一一年度には、インターフェロン治療について新たに有効性・安全性が認められた治療法を、医療費助成対象に追加した。

二〇一一年一二月にはB型肝炎特別措置法が成立し、一九四八年から八八年までに集団予防接種等の際の注射器の使い回しが原因で感染したB型肝炎患者を対象に、給付金を支払うことになった。

補足すると、二〇一一年六月、B型肝炎訴訟における原告たる被害者団との基本合意書を成立させている。一九八九年に提訴されてからの紛争の解決への大きな一歩となり、被害者救済への道筋をつけた。これが可能だったのは、一九九六年に厚生大臣になったときに取り組んだ薬害エイズ問題の経験があったからだ。

基本合意と同時に、治療に関する研究開発を強化するよう指示を出した。被害者のためになるのは言うまでもないが、治療が進めば賠償金も減り、財政負担はむしろ軽くなると考えたからでもある。

†すべての労働者を雇用保険の被保険者に

民主党政権は働く人の権利を守り、失業者の求職支援に力を入れた。

まず、すべての労働者を雇用保険の被保険者とするため、二〇一〇年度の通常国会で、雇用保険の適用基準を改正した。その結果、週所定労働時間二〇時間以上の非正規労働者について「六カ月以上の雇用見込み」から、「三一日以上雇用見込み」に緩和され、これにより新たに約二二一万人に雇用保険が適用された（三〇日以下の雇用見込みの人については、日雇労働被保険者求職者給付制度がある）。

また、事業主の未届けで雇用保険未加入となった場合にさかのぼって加入できる期間はこれまで二年間だったものを、雇用保険料が天引きされていたことが明らかである場合は二年を超えてさかのぼれるようにした。

失業し求職している人のなかには、失業給付が切れた人、雇用保険の対象外の非正規労働者、自営業を廃業した人など、雇用保険を受給できない人がいた。そういう人のセーフティネットは生活保護しかなかったため、二〇一一年の通常国会で、求職者支援法を成立させ、同年一〇月より、求職者支援制度を開始した。

雇用保険を受給できない求職者等を対象に、無料の職業訓練の機会を提供するとともに、一定の要件を満たす場合は月一〇万円程度を給付し、訓練期間中はハローワークが一貫して就職支援を行った。制度開始から二〇一二年八月末までに約九万四〇〇〇人が受講し、受講後の就職率は七〇パーセント程度(一二年六月速報値)となった。

職業訓練と訓練期間中の生活支援のための給付金を支給することで、早期の就職支援を図った。

†派遣労働者の雇用の安定

二〇一二年の通常国会で労働者派遣法が改正され、次のことが実現した。

約一二〇〇万人と推計される一年、六カ月といった期間の定めのある労働契約で働く人は、有期雇用契約の下で生じる雇い止めの不安、有期労働契約であることを理由とした不合理な労働条件の解消が課題となっていた。

民主党政権では、有期労働契約に関するルールを規定する労働契約法改正案を提出し、二〇一二年八月に成立させた。この改正法により以下が規定された。

①無期労働契約への転換（有期労働契約が反復更新されて通算五年を超えた場合、労働者の申し込みにより無期労働契約に転換できる）。

②「雇い止め法理」の法定化（最高裁判例で確立した「雇い止め法理」の規定が盛り込まれ、適用範囲である場合は使用者による雇い止めが認められない）。

③不合理な労働条件の禁止（有期契約労働者と無期契約労働者の間で、期間の定めのあることによる不合理な労働条件の相違を設けることの禁止）。

日雇い派遣、偽装請負、派遣切りなど、労働者派遣をめぐる不安定雇用、劣悪な労働環境、使用者責任のあいまいさ等の問題が顕在化したため、二〇一〇年に労働者派遣法改正案を提出し、修正を経て二〇一二年三月に成立した。

これにより次のことが実現した。

①「日雇い派遣（日々または三〇日以内の期間を定めて雇用する労働者派遣）」の原則禁止（マニフェストでは「二カ月以内」と、提出した改正法案もそうなっていたが、国会で「三〇日以内」に修正された）。

②派遣労働者の賃金等の決定にあたり、同種の業務に従事する派遣先の労働者との均衡を考慮する規定を盛り込む。

③重大な派遣法違反があった場合の「直接雇用みなし制度（派遣労働者の受け入れ先が違法行為であることを知りながら派遣労働者を受け入れている場合、その時点で派遣先が派遣労働者に対して労働契約の申し込みをしたものと見なす制度）」の創設。

マニフェストでは「製造現場への派遣の原則禁止」を掲げ、派遣法改正案にもそう明記したが、野党・自民党の反対で、国会での修正でこの条項は削除され、「製造業務派遣の在り方」についての検討規定が盛り込まれるに留まった。

7　農業を再生——戸別所得補償制度の創設

農家への戸別所得補償制度を大きく掲げたことは、民主党政権の目玉政策のひとつだった。

　この政策に対しても、農家へのバラマキだとの批判もあったが、国全体の食料自給率を高めることが目的のひとつだった。

　食料自給率は一九六五（昭和四〇）年にはカロリーベースで七三パーセント、生産額ベースで八六パーセントだったが、年々下がり、二〇〇八年にはカロリーベースで四一パーセント、生産額ベースで六五パーセントになっていた。これは先進国のなかでは最低だった。食料自給率が低いことは食料安全保障上の問題がある。何らかの事情で海外から輸入できなくなったときへの備えである。そうした安全保障の面もさることながら、農山漁村を維持していくことは、環境保護の面でも必要だ。

　農産物は工業製品とは異なり、生産コスト以下で取引されるケースが多い。たとえば、政権獲得の一年前の二〇〇八年の米の取引価格は、六〇キロあたり約一万五〇〇〇円だったが、それに対して農家の生産コストは一万六五〇〇円だった。農協の手数料があるので、実際に農家が手にするのは一万五〇〇〇円よりもさらに安い。そのままでは作れば作るほど赤字となる。そこで自民党は、減反に参加し転作も行うことを条件に、補助金を支給してきたが、民主党は減反に参加しなくても自給率向上に貢献する作物を生産すれば、補助金をもらえるシステムを導入した。

農業や漁業に経済的な補助をして続けてもらうことは、「農山漁村」の維持をしてもらうことに通じる。水や空気、緑は農山漁村にある。所得補償は一次産業を守ることを通して、豊かな自然の維持コストを国民全体で分かち合うことを意味していた。自然保護政策でもあった。

米・麦・大豆・てん菜・でん粉原料用ばれいしょ・そば・なたね等を生産し所要の要件を満たす販売農家・集落営農に対して、販売価格と生産費の差額を交付する制度で、二〇一〇年度から実現した。

二〇一〇年度は、恒常的に生産費が販売価格を上回る米を対象にし、二〇一一年度からは、水田農家に加えて、麦・大豆等の畑作物へも対象を拡大し、戸別所得補償制度を本格実施し、二〇一二年度も一一年度と同じ仕組みで実施された。

畑作物については、数量払いを基本に、面積払いと併用により所得を補償する「畑作物の所得補償交付金」として二一二三億円。

水田で麦・大豆・米粉用米・飼料用米等の戦略作物を生産する農家に対して、主食用米並の所得補償を確保し得る水準を交付する「水田活用の所得補償交付金」として二二八四億円。

また、農業の体質強化に向けた加算措置として、農地を面的に集積した受け手に対して、一〇アール当たり二万円を交付する規模拡大加算を導入した。このほか、品質加算、再生利用加算、緑肥輪作加算、集落営農の法人支援を措置した。

二〇一一年度の実施状況は、加入者一一五万件、特に五ヘクタール以上層では九八パーセントが加入していた。規模の大きい農業者を含めて経営状況が改善された。全体の一割程度にあたる二ヘクタール以上の農家に総額の約六割が支払われていた。

米の過剰作付面積は二・二万ヘクタールとなり、制度導入前の四・九万ヘクタールから半減した。新規需要米の作付面積は六・四万ヘクタールとなり、制度導入前の一・七万ヘクタールから大幅に増加した。

この制度は安倍政権になってからの二〇一三年に「経営所得安定対策制度」と改称され、金額も削減されたうえ、二〇一八年に廃止された。立憲民主党では党の基本政策として、戸別所得補償制度の法制化を決めている。

8　国と地方自治体との関係を変える——地域主権の確立

「地域主権の確立」も民主党の重要政策だった。

民主党を結党した一九九六年の一二月に、私は国会の予算委員会で当時の橋本龍太郎首相と「行政権」をめぐる質疑をした。このなかで、憲法第六五条に「行政権は、内閣に属する」とあるが、地方自治体の行政権も内閣に属するのかと質問した。というのは、地方分権の議論をする際、「地方自治体の行政権は、いったん内閣が持ち、その一部を自治体に渡している」と考えている官僚が多かったからだ。

この質問に対し、当時の大森政輔内閣法制局長官は「地方公共団体に属する地方行政執行権を除いた意味における行政の主体は、最高執行機関としては内閣である、それが三権分立の一翼を担うんだという意味に解されております」と答弁した。つまり、地方公共団体の行政権は内閣には属していないということだ。これは従来の憲法解釈を一八〇度変える、画期的な答弁であった。官僚の多くが、行政権は内閣、つまり中央政府にあり、その一部を地方自治体に分けてやっていると考えていたのを、そうではないと明言したのである。

「分権」という言葉は、地方にも権限を分けてやるという中央政府目線の言葉だ。いまも自民党の国会議員が知事選や都道府県議会の選挙などに応援に行くと、「中央とのパイプのない議員は役に立たない」「国会に議席のない政党の議員に入れても何もできない」などと演説しているが、根本的に間違っている。国（中央政府）と地方自治体とは上下関係にはなく、役割分担をしているだけである。

そこで民主党では「地方分権」ではなく「地域主権」と謳った。自民党議員が勘違いするのは、国から地方へと予算と仕事が流れているためだ。国が上で地方が下と認識されているが、それを根本的に改めようとしたのである。

†地域主権戦略会議

二〇〇九年一一月、地域主権を政権の改革の柱として位置づけ、その司令塔として「地域主権戦略会議」を設置した。

この会議を中心に、基礎的自治体への権限移譲を盛り込んだ「地域の自主性及び自立性を高めるための改革の推進を図るための関係法律の整備に関する法律」をとりまとめ、二〇一一年八月に制定した。

†国と地方の協議の場を法律で設置

二〇一一年の通常国会で、国と地方の協議の場を法定化する法律が制定された。従来は、国と地方公共団体とが対等に協議する場がなかったのである。

この協議の場を一一回開催し、社会保障と税の一体改革や、子ども手当について協議した。

†「ひもつき補助金」廃止、地方公共団体が自由に使える「一括交付金」創設

いわゆる「ひもつき補助金」を廃止し、各府省の枠にとらわれずに、都道府県が事業メニューの中から自由に事業を選べる一括交付金を二〇一一年度予算で創設し、五一二〇億円を確保した。

二〇一二年度は事業メニューを二倍に増やし、対象自治体に政令指定都市を追加、総額で八二三九億円に拡大した。

その結果、二〇一一年一一月に内閣府が行ったアンケート調査で、五六パーセントの都道府県が「従来の補助金、交付金に比べ、都道府県の自由裁量はある程度拡大」と回答した。

9　マニフェストにない項目

マニフェストに記載していないことも、民主党政権では数多く実現していた。

ここでは私の内閣で実現したことを中心に記していく。

硫黄島からの遺骨返還

私は野党時代から硫黄島（いおうとう）の遺骨収集問題に関心を持っており、総理に就任すると、本格的に取り組んだ。

東京都小笠原村に位置する硫黄島では、太平洋戦争末期の日米両軍による激しい戦闘（硫黄島の戦い）で、二万人以上の日本兵が戦死した。島はアメリカに占領されたが、敗戦から二三年後の一九六八（昭和四三）年に、ほかの小笠原諸島とともに返還された。返還後はほぼ毎年、戦没者の遺骨収集が行われ、民主党政権の発足までに八七〇〇柱以上が収集されてきたが、日本側の資料が乏しかったこともあり、収集作業は難航していた。私の政権が発足した二〇一〇年当時で、約一万一〇〇〇人の遺骨が収集されず残されたままとなっていた。

二〇〇六年には、当時の小沢一郎民主党代表とともに硫黄島を訪れ、遺骨収集の現状を視察したこともあるが、野党の立場では限界があった。

政権発足直後の七月、私は「硫黄島における遺骨収集のための特命チーム」を発足させ、遺骨収集の強化に乗り出した。かねてこの問題に熱心に取り組んできた阿久津（あくつ）幸彦（ゆきひこ）首相補佐官をトップに据え、チームは厚生労働省と防衛省の審議官らで構成し、内閣官房及び内閣府が総合調整した。

それまでの硫黄島には自衛隊が駐屯しているにもかかわらず、遺骨収集は厚労省中心で進められてきた。そこで縦割り行政を打破し、両省合同のチームを作れば、よりスムーズに作業が進むと考えたのである。長妻昭厚生労働大臣と北澤俊美防衛大臣も、快く協力を申し出てくれた。

チームの初会合を前に、私は阿久津補佐官を呼び、二つの話をした。二〇〇九年に日本語版が出たデリック・ライト著『硫黄島の戦い1945』(大日本絵画)に、米軍がブルドーザーで日本兵の遺体を大きな穴に埋めている写真が掲載されているので、「硫黄島には旧日本兵の集団埋葬地が必ずあるはずだ。その埋葬地を見つけ、多くのご遺骨を本土に帰還させてほしい」というのがひとつで、二つめは、「勘に頼った調査では見つからない。確かな資料に基づく「科学的調査」を一から始めてほしい」ということだった。

これまでの厚労省の調査というのは、現地へ行き、洞窟の中を見るだけで、「ありません」と結論づけていたようなのだ。すぐに見つかるものは、とっくに見つかっているわけで、見つからないものを探すのだから事前の調査も必要なはずだが、そういう科学的なアプローチをしている形跡がない。

阿久津補佐官によると、厚労省と防衛省に最初のヒアリングに行ったとき、両省は硫黄島に新しい飛行場を作ることで頭がいっぱいだった。そのついでに、現在の飛行場の跡地を掘り返して調査することが既定方針だったが、両省は総額一五〇〇億円以上に及ぶその負担割合でもめていて、膠着状態にあり、前に進まなかった。

七月下旬、阿久津補佐官を中心とした調査班を、まず米国公文書館に派遣した。前述した沖縄返還時の日米密約調査もそうだったが、日本側で発見されない資料も、アメリカは公文書の管理がしっかりしているので、存在する可能性があると思ったのだ。阿久津補佐官はアメリカのジョージ・ワシントン大学院国際関係学部を修了しているので、この仕事には適任だった。

阿久津補佐官たちは公文書館で、六〇〇箱、四〇万ページ以上にも及ぶ膨大な資料を調査した。さらに、調査団は米国国防総省の全面的な協力を得て、DPMO「捕虜・行方不明者調査局」のヒストリアン「歴史調査官」から史料の読み方と、調査の進め方について指導を得た。ヒストリアンからは「米軍は、敵軍の埋葬地のうえに飛行場を作ることなどありえない」と言われたという。また、硫黄島全土に及ぶ日本軍兵士の死亡地点記録（ドットされた地図）も国立公文書館から発見されたが、その資料によれば、飛行場の下に集団埋葬地はなかった。

ところが調査を進めると「現在の硫黄島飛行場の滑走路の西側に、約二〇〇〇人の日本軍兵士を埋葬した」などとする米軍の記録が見つかった。硫黄島の戦いの激戦地・摺鉢山麓に「約二〇〇人の日本軍兵士を埋めた」という記録もあった。それらの記録には、「Enemy Cemetery」（敵軍の埋葬地）と記されていた。

これまで日本側の資料だけではたどりつけなかった「集団埋葬地の場所」が特定できたのだ。

帰国すると、特命チームは硫黄島を訪問し、米国の公文書で記録されていた地点を中心に試掘調査し、埋葬場所の特定に取り組んだ。この記録に基づいて現地を掘ったところ、二〇一〇年度に八二二柱の遺骨を収容できた。前年度の五一柱を大幅に上回った。六五年もの間、行方不明となっていた多くの遺骨を発見し、日本へ帰還させることができたのだ。目覚ましい成果だった。

これまでの調査は、生存者の発言や勘に頼りすぎ、「科学的調査」が見過ごされていたのである。

この年の一二月、私は遺骨収集事業の視察と慰霊のため硫黄島に足を運んだ。追悼式では「遺骨を家族の待つ地に返すのは国の責務。一粒一粒の砂まで確かめ、一人でも多く帰還できるよう全力を尽くす」と挨拶した。

野田政権もこうした方針を引き継ぎ、翌一一年度も三四四柱の遺骨を収容することができた。

遺骨収集が遅々として進まなかった理由はいろいろあるが、霞が関の縦割り行政の弊害と、日本政府の不十分な公文書管理が壁になっていたことは間違いない。それを突破できたのは民主党政権ならではだろう。阿久津補佐官のような、専門知識と熱い志を兼ね備えたスタッフに恵まれたことも大きかった。

それにしてもアメリカという国の「記録」に関する意識の高さには驚く。戦争のさなかであっても記録班がいて克明に記録しているのである。自軍にとって、その部隊にとって都合の悪いこともあるだろうが、隠さない。日本はこの点でまったく遅れている。

しかし、戦後処理の問題は硫黄島の遺骨収集で終わるものではない。硫黄島は国内なので、国の責任で遺骨収集を進めやすいが、第二次世界大戦における在外戦没者は硫黄島や沖縄を含めて約二四〇万人おり、そのうち約一一四万人の遺骨が戻っていないと言われている。特攻隊員などのように海底に沈んでいる遺骨は残念ながら難しいが、厚生労働省は「約六一万人が収集可能」とみているという。また、事情は異なるが、ソ連によってシベリアに抑留され、亡くなられた方も多く、多くが埋葬された場所もわかっていない。

日本のために亡くなられた方々の遺骨を最後の一柱まで収集することは、現在の政治の責任だ。この問題に与党も野党もない。まずは硫黄島の遺骨収集をしっかり進め、さらにフィリピンやインドネシア、パラオといった在外戦没者の遺骨収集にもつなげていきたい。

†経済・財政・社会保障の一体的改革

総理就任と同時に「強い経済、強い財政、強い社会保障」を政権の基本政策として、打ち出した。すなわち経済・財政・社会保障の一体的改革だ。

二〇一〇年六月、「新成長戦略」と「財政運営戦略」を決定し、経済と財政における中長期的な政策運営の枠組みを整えた。

その上で、社会保障と税の一体的改革について、二〇一〇年秋から本格的な議論を開始した。これは、震災による中断があったが、二〇一一年六月に成案をとりまとめた。

国民に税や保険料で負担を求める内容なので、自民党がわかっていながら放置してきた問題に取り組んだ。

†「第三の道」――成長と雇用による国づくり

経済運営としては、「成長と雇用による国づくり」の考え方を明らかにし、それを着実に実践に移した。

二〇一〇年六月一八日、「新成長戦略」を閣議決定し、同年一二月一五日、「雇用戦略・基本方針2011」の雇用戦略対話合意を得た。

これは、かつてのような公共事業中心のばら撒き(「第一の道」)や、自民党政権下における、供給サイドの効率化に偏ったリストラ型の政策(「第二の道」)とは一線を画し、新たな需要と雇用の創造による成長(「第三の道」)を目指したものである。

日本の強みを活かしながら、環境や健康といった新たな分野での潜在需要を能動的に掘り起こし、そこに雇用の流れを生み出すことにより、産業転換や労働力シフトを促す政策だった。

人口減少、デフレ状況下において、これまでの市場放任による経済政策が、雇用問題や国内消費低迷をもたらし、デフレを助長していたことへの新たな処方だった。

†「新成長戦略」

「新成長戦略」は作るだけでは意味がない。それまでの一〇年間に日本政府は十数本に及ぶ「成長戦略」を作っていたが、実現してこなかった。それは内容もさることながら、言いっぱなしで、自ら進捗状況を管理し、それを公にする仕組みがなかったからだ。そこで、実現に向けた強いコミットメントとそれを担保する仕組みとして、それぞれの「工程表」

自体を閣議決定し、進捗管理する仕組みを導入した。

二〇一〇年九月には総理が議長となる「新成長戦略実現会議」を立ち上げた。この会議では、「新成長戦略」の実現へ向けたリーダーシップを発揮する仕組みを整えた。

この「新成長戦略」は、「新成長戦略実現2011」（二〇一一年一月二五日閣議決定）、そして震災後の状況を踏まえた「日本再生のための戦略に向けて」（二〇一一年八月五日閣議決定）を経て、さらに強化・進化した。

「新成長戦略」に盛り込まれた各施策は、これまで縦割り行政や各省の抵抗等から先送りにされてきたものが多かった。

†二一世紀型の成長モデルへの転換

二〇世紀型の成長モデルから二一世紀型の成長モデルへの転換を打ち出し、その各施策を着実に実施に移した。

二一世紀型の成長モデルとは

①環境や社会保障を、成長の「制約」ではなく「機会」として捉えること

再生可能エネルギーの固定価格買取制度を、「新成長戦略」の一丁目一番地として、二一の「国家戦略プロジェクト」の一番目のプロジェクトに位置付け、様々な抵抗を覚悟し

つつも、成長機会として積極的に推進した。
待機児童解消「先取り」プロジェクトも、女性が働きやすい環境を創り出す「経済政策」として積極的に捉え、強力に進めた。
②「大きな政府」と「小さな政府」の二項対立を超え、政府の概念を拡張し、多様なステークホルダーの参画や協力を推進力とすること
多様なステークホルダーの参画については、鳩山政権による取り組みを引き継ぎ、「国家戦略プロジェクト」として進められた「新しい公共」は、「新しい公共」推進会議を設置し、認定NPO法人への寄付金税額控除の導入等の成果をあげた。
③課題解決型国家として新興国の持続可能な成長に貢献しながら、新興国との「共生」を目指すなど、「国を開く」こと
これも「国家戦略プロジェクト」として、オープンスカイの推進（羽田の二四時間国際拠点空港化等）、アジア拠点化の推進を目指す法人実効税率引き下げ、パッケージ型インフラ海外展開等を推進した。

†諫早湾の開門

「走り出したら止まらない公共事業の象徴」と呼ばれた長崎県の国営諫早（いさはや）湾干拓事業をめ

ぐっても、民主党政権は大きな方向転換を図った。

諫早湾は長崎県の有明海の内海にあたる。敗戦間もない一九五〇年代から、食糧増産のため大規模な農地を造成するため干拓構想が持ち上がり、一九八六（昭和六一）年に事業着手された。たしかに構想当時は戦後の食糧難という事情もあったが、その後米あまりの時代が到来しても、干拓事業は「塩害の防止」などと目的を変え、完成に向けて突き進んだ。漁業者からは有明海の環境悪化を懸念する声が上がっていたが、こうした声は黙殺された。

旧民主党結党翌年の一九九七年四月、湾奥が全長七キロの潮受け堤防で締め切られた。二九三枚もの鋼板が矢継ぎ早に海に落とされるさまは、テレビのニュースでも大きく報じられ「ギロチン」と呼ばれた。旧民主党にはこの問題に強い関心を持つ議員が多く、私自身も何度も現地に足を運んだ。

干拓事業は総事業費約二五三〇億円を費やして、二〇〇七年に完成した。この事業で約一五〇〇ヘクタールの干潟が消滅し、代わりに約六七〇ヘクタールの農地が生まれた。完成前から有明海では、ノリなどの漁業被害が深刻化していた。

二〇〇八年六月、佐賀地裁は漁業者が起こしていた潮受け堤防撤去と排水門の常時開門を求めた訴訟で、排水門の五年間の常時開放を国に命じる判決を出した。国は控訴したが、二〇一〇年一二月には福岡高裁が一審判決を支持した。このタイミングで私は総理になっていた。

国側が敗訴すると通常は上告する。実際、この時も農林水産省は上告する考えだったが、私は上告しないと決めた。記者団には「現地に何度も足を運び、私なりの知見を持って総合的に判断した。開門によって海をきれいにしていこうという訴訟に対する高裁判決は、大変重いものがあると判断した」と述べた。

これにより、福岡高裁判決が確定することになった。潮受け堤防が締め切られてから一三年が過ぎていた。「止まらない公共事業」の象徴だった諫早湾干拓は、途中で止めることこそできなかったが、事業の検証に向け大きく動き出した。

旧民主党当時からこの問題にともに強い関心を示してきた仙谷由人官房長官は、上告断念について記者会見でこう述べた。

「政権交代がなければ、判決を重く受け止めて政治的、行政的な解決に乗り出すことができたかわからない。（民主党は）農業土木や土地改良をめぐるモラルハザードや、農政全体との整合性（のなさ）などを批判してきた。政権交代した効果もあったのではないか」

しかし、これで終わりではなかった。干拓事業によって生まれた農地には、すでに入植して野菜の栽培などを行っている農家がいる。営農者らは開門によって「農地に水害や塩害が起こる」として、開門を求める漁業者との間で対立が生まれていた。

　営農者らは開門禁止を求めて新たな訴訟を起こし、長崎地裁は二〇一七年四月、国に対し開門の差し止めを命じる判決を下した。安倍政権になっていたので、国はこの判決に控訴しなかった。さらに一八年七月には福岡高裁が、開門を強制しないよう国が漁業者に求めた訴訟の控訴審で、国に開門を命じた一〇年の福岡高裁判決を無効化する判決まで言い渡した。司法判断にねじれが生じているのをたてに、農水省は現在も開門に応じていない。

「菅首相の上告断念が事態を混乱させた」という批判もあるが、それはおかしい。いったん確定した司法判断を行政がサボタージュしているのを、司法が追認するというのはどういうことか。

　問題は開門をサボタージュしている行政の側、すなわち安倍・菅政権にある。彼らは、司法の判断を無視してまでも、民主党政権の実績を無にして「走り出したら止まらない公共事業」の世界を守ろうとしているのだ。

†市民運動代表と野田首相が首相官邸で面談

　最後に、政策ではないが、民主党政権でなければありえなかった出来事を紹介したい。

　二〇一二年五月、北海道の泊原発が定期点検のために運転を停止すると、この時点で日本においで稼働している原発はゼロになった。原発の再稼働は私が総理在任中に決めたルールで極めて難しくなっていた。だが関西電力は夏の電力需要のためには大飯原発の再稼働が必要だと主張していた。

一方、原発事故から一年が過ぎた二〇一二年三月から、原発に反対する市民が毎週金曜日夕方に、「再稼働反対! 首相官邸前抗議」というデモを続けてきた。大飯原発再稼働に反対の声が高まっていた六月には、何万もの人が集まり、首相官邸前を覆い尽くすまでとなり、大きく報じられていた。

ちょうどその頃、紹介してくれる人がいて、慶應義塾大学の小熊英二教授から日本社会史の話を聞く機会があったのだが、その後、小熊教授からこの金曜デモについて「政治は市民の声を聞くべきでは」と連絡をもらった。そのとおりだと思ったので、まず超党派の脱原発の考えの議員と、金曜デモの中心となっている「首都圏反原発連合」の対話会を開いた。その場でだったと思うが、野田首相に話を聞いてほしいとの要望が出た。

そこで私は、野田首相に、「これだけデモに大勢の人が集まっている、その人たちの声を無視することはできないのではないか」と言い、会ってみないかと打診してみた。

その結果、八月二二日に、デモをしている市民運動の代表が、首相官邸へ行って、首相と面談するという、おそらく史上初めてのことが実現した。反原連側の要望で、対話はネットで同時中継もされた。この場で野田首相は、「脱原発依存が政府の基本方針」と明確に述べた。

残念ながら、野田首相は大飯原発の再稼働を認めたため脱原発運動の間では評判が悪いが、聞く耳は持っていたし、脱原発依存の思いも強かったはずだ。

その後の安倍・菅（すが）政権だったら、デモの代表者を官邸に入れることは、ありえないだろう。民主党政権だから実現した対話だった。

第四章
実現できなかった政策

普天間基地とその周辺(防衛省ホームページより)

民主党政権三年三カ月の間で「実現できたこと」は、一般に知られていないだけで実は数多くあることを、ここまで具体的に指摘してきた。

しかし、「実現できなかったこと」もあり、これが国民の失望を招き、民主党の下野につながったことも否定はできない。再び政権を目指す糧とするためにも、批判を受けた沖縄県の普天間飛行場移設、群馬県の八ッ場ダム建設をめぐる「迷走」などについて、ここで改めて記しておきたい。

1 普天間基地移設問題

†マニフェストになかった「県外移設」

言い訳に聞こえるかもしれないが、二〇〇九年マニフェストでは、「普天間基地を沖縄の県外へ移設する」とはどこにも記していない。困難であることがわかっていたので、マニフェストでもそこまでは踏み込んでいなかったのだ。

しかし鳩山由紀夫代表が選挙中に「最低でも県外」と述べたことで、事実上の公約となった。政権交代後、普天間問題は鳩山政権の最重要課題となり、県外移設を模索したが、辺野古(へのこ)への移設案を再確認したのはご存じの通りである。

これを受け容れられず、社民党は連立政権から離脱した。

私は鳩山内閣では副総理であり、政権全体の問題でもあるので、鳩山首相に「やれることは手伝いますよ」と伝えたが、「この問題は自分でやります」ときっぱりと言われたので、ほとんど関わっていなかった。

鳩山首相から政権を引き継いだ私も、普天間基地問題では大きく進展させるには至らなかったが、飛行場の移設計画に関し検証と確認を完了し、普天間移設・グアム移転の二〇一四年の目標を見直すことでアメリカと一致した。また沖縄の負担軽減に尽力することを明確に示すことで、日米関係の混乱を収束させ、良好な状態に戻したつもりだった。

その後、野田政権になってからの二〇一二年四月の日米安全保障協議委員会（2+2）において、抑止力の維持と沖縄の負担軽減の早期実現という観点から、沖縄県における土地返還及びグアムへの海兵隊移転とこれまでセットであった普天間基地移設との切り離しを先行させることが決定した。

以下、普天間移設問題をその発端にまでさかのぼり、検証してみる。

†自民党の「負の遺産」と向き合う

普天間移設問題の発端は、民主党政権発足から一四年前の一九九五年にさかのぼる。この年の九月、沖縄本島北部で、沖縄に駐留する米兵三人による少女暴行事件が発生した。沖縄県警は米軍に三人の身柄引き渡しを求めたが、米側は日米地位協定を理由に起訴前の身柄引き渡しを拒否し、これをきっかけに沖縄県民の反米感情が爆発した。

翌一九九六年四月、当時の橋本龍太郎首相は、米国のウォルター・モンデール駐日大使とともに記者会見し、市街地に立地し墜落事故などの危険性が懸念されていた米軍普天間飛行場（宜野湾市）を「五〜七年で日本に返還する」ことで合意したと発表した。

ただ、返還合意は県内移設が前提になっていた。県内移設に対する県民の反対が強いなか、二〇〇五年に名護市辺野古の米軍基地キャンプ・シュワブへの移設が決まり、翌〇六年には地元の名護市が受け入れを容認した。曲がりなりにも日米両国と沖縄の間で合意ができたわけだが、結果としてその後も移設は進展しないまま、〇九年の政権交代を迎えた。

鳩山政権は、自民党政権で解決できなかった「負の遺産」を引き継ぐことになったのは確かだ。多くの政策は日本国内だけで解決できるが、この問題はアメリカが納得しない限り解決しない。これは難題だった。

民主党政権の迷走のきっかけとなったのは、鳩山由紀夫首相の「最低でも県外移設」発言だ。

前述したように二〇〇九年の「政権交代選挙」で発表したマニフェスト（政権公約）では、外交について「日米地位協定の改定を提起し、米軍再編や在日米軍基地のあり方についても見直しの方向で臨む」と記しただけだった。政権交代が確実視されていただけに、党内議論の末、実現が容易ではないことは軽々に触れないようにしたのだ。

しかし鳩山代表は選挙戦のさなかに、沖縄で突然「最低でも県外」発言をした。沖縄では「辺野古移設反対」の声が勢いを増すなか、鳩山代表はさらに踏み込み、翌一〇年の「五月中の決着」に言及した。

鳩山政権は鹿児島県・徳之島への基地機能の一部移転や、米軍の沖縄での訓練を全国の自衛隊基地で分散移転するなどさまざまな代替案を模索したが、沖縄だけでなく米国との関係も損なわれ、のちには当時連立を組んでいた社民党の離脱も招いた。

鳩山政権は結局、五月中の決着を断念し、〇六年の合意をほぼ踏襲した形で改めて日米が合意することになった。鳩山首相は翌六月二日、辞意を表明した。

そして私が政権を引き継ぐことになったのだが、この日米合意に基づき動くしかなかった。就任直後の六月二三日、沖縄全戦没者追悼式に出席した私は、あいさつで「沖縄には米軍基地が集中し、大きな負担をお願いし続けています。そのような負担をかけてきたことに全国民を代表しておわびします」と述べたが、会場入口では抗議の声も聞いた。申し訳ない思いだった。

もはや民主党政権が沖縄県民の信頼を取り戻すことは、短期的には極めて難しかった。しかし、それでも私の政権、そして後を受けた野田政権で、信頼回復のため精いっぱいの努力をした。たとえば、二〇一二年四月に施行された改正沖縄振興特別措置法で、沖縄振興計画を策定する主体を国から県に移したり、使途の自由度が高い「沖縄振興一括交付金」を創設したりした。

民主党が下野した後の安倍・菅政権によるこの問題への態度は「辺野古が唯一の選択肢」という立場を一切崩さず、まさに冷酷そのものである。二〇一四年、辺野古移設反対を掲げて初当選した翁長雄志（おながたけし）知事に、当時の菅義偉官房長官は、その後四カ月も会おうとせず、移設をめぐっては国と沖縄県が法廷闘争を展開した。民主党政権は対応が未熟だったかもしれないが、どちらが沖縄の心に少しでも寄り添おうとしたのか、もう一度冷静に振り返っていただければと思う。

下野後も民主党、民進党は、少しずつながら沖縄との信頼関係の再構築に努めてきた。そして二〇二〇年一一月、国民民主党と合流した新しい立憲民主党の沖縄県連が発足した。

枝野幸男代表は結成大会で、民主党政権の一番の反省点として辺野古移設問題を挙げ「あの反省と教訓を生かすことで今度は期待に応える」と述べ、政権交代を実現した場合は「移設なき普天間飛行場の返還」を求めてアメリカと交渉する考えを示している。

2 ガソリンの暫定税率の廃止

二〇〇九年九月に政権を取ると、すぐに二〇一〇年度予算の編成に取り掛かった。

それと並行して、仙谷由人行政刷新担当大臣のもとで事業仕分けをしてみたが、無駄の排除だけでは、思ったほど財源は出なかった。リーマンショックによる世界金融危機はまだ続き、麻生政権が編成した〇九年度予算の税収見込み四六兆円は三七兆円に落ち込む見通しで、二〇一〇年度の税収見込みも低くせざるをえない。

こういった要因で、二〇一〇年度の予算編成では、すべてマニフェスト通りにはいかないことがわかってきた。予算を必要とするすべてのマニフェスト項目を実行するには、財政規律を無視した赤字国債の大量発行をするしかないが、さすがにそれはできない。このときは、麻生政権の二〇〇九年度予算と第一次補正予算での新規国債発行額四四兆円を維持すると、大枠を先に決めていた。これは小沢幹事長も同意していた。

そうなると、マニフェストに書かれたことのいくつかは断念しなければならない。

そこで、最初に断念されたのが、「ガソリン税等の暫定税率の廃止」だった。二〇一〇年度予算編成にあたり、鳩山内閣が行き詰まっていると、民主党のほうで、小沢幹事長のもとで予算編成に対する、「政府への重点要望」をまとめ、そのひとつがガソリン税等の暫定税率の維持だった。

わかりにくいかもしれないが、マニフェストに掲げたのは「暫定税率の廃止」で、それをすると税収が減ってしまうので、「暫定税率を維持」することにしたのだ。結果として、ガソリン税は減税とならない。

小沢幹事長は暫定税率撤廃を求めていたトラック協会に対し、一定規模の交付金を出すことで廃止を諦めさせた。しかしトータルでは交付金よりもはるかに多い税収を確保できた。

予算編成は、暗礁に乗り上げかけていたので、内閣としては、党からの要望はありがたかった。同時に、政権獲得から三カ月のこの時点で、なかなかマニフェスト通りにいかないと痛感していた。

高速道路無料化も、自民党等は反対していた。

結果として、実現しかかったのだが、東日本大震災の復興を優先させるため、断念された。

3　高速道路の無料化

この政策は私が代表だった二〇〇三年マニフェストで初めて掲げたものだった。当時は道路公団民営化が議論されていたが、私はむしろ、高速道路を無料にしたほうがいいと考えたのだ。

といっても、この政策は私が発案したのではなく、山崎養世（やすよ）氏のアイデアである。山崎氏は二〇〇二年にゴールドマン・サックスを退社し、徳島県知事選挙に「高速道路無料化」を政策の柱として掲げて無所属で立候補した。このとき民主党は対立候補を推薦して、そちらが当選したのだが、私は山崎氏の「高速道路無償化」という大胆な政策に興味を持った。詳しく調べてみると、実に合理的で、地域再生にも役立つし、日本全体にとってもプラスしかないと考えた。そこで二〇〇三年の総選挙に向けてのマニフェストに採用し、この選挙では民主党が政権を取った場合の主要閣僚を何名かあらかじめ発表することにしたので、山崎氏を国土交通大臣就任予定者として指名して総選挙に臨んだ。

二〇〇三年は自民党の小泉政権の時で、総選挙で民主党は議席は伸ばしたものの、政権獲得には至らなかった。だが以後もマニフェストではこの「高速道路無料化」が掲げられていた。民主党が政権を取ると山崎氏は総務省顧問に就任し、現在は岡山県瀬戸内市に日本最大級の太陽光発電所を作り、商業発電をしている。

この政策は、官僚からは出てこない大胆な発想のもので、こういう民間のアイデアを採用できたのは民主党の強みのひとつだったと思う。

国鉄は線路を敷設しているだけでなく列車の運行も担っていたので、企業体として残す必要があったが、高速道路の場合、そこを走る自動車はそれぞれが運転するので、道路を建設すれば、あとはメンテナンスの仕事しかない。したがって道路公団を民営化するのではなく、なくしてしまえばいいというのが原点である。メンテナンスは一般の国道などと同様に税金で行えばいい。

もとも道路は無料が原則で、高速道路は例外的に有料となっていた。それも建設費の回収が終われば無料になるはずだったが、路線が増えていくので、半永久的に無料にならない構造となっていた。

無料化すれば、流通コストも下がり、結果として企業の経費も削減され生活コストも引き下げられる。産地から消費地へ商品を運びやすいようにして、地域経済の活性化にもつながる。

有料であるため高速道路への入り口・出口は限定されているが、無料になれば、出入り口も増やせる。地域によっては一般道が渋滞しているのに隣を走る高速道路はガラガラのところもあるが、無料になれば渋滞解消になり、渋滞によって生まれている経済的損失を軽減できる。

とはいえ、いきなりすべての高速道路を無料化するのは、その影響に未知数なところもあったので、二〇〇九年マニフェストでは「割引率の順次拡大などの社会実験を実施し、その影響を確認しながら、高速道路を無料化していく」とした。

二〇一〇年六月二八日から、一一年三月三一日までの期間限定ではあったが、三七路線五〇区間、合計一六二六キロメートルが無料化された。これは全国の高速道路の約一八パーセントにあたった。

その後も続ける予定でいたが、一一年三月一一日の東日本大震災に対処するため、計上していた予算を減額し、社会実験は凍結された。

それとは別に東日本大震災の被災者支援のひとつとして、六月二〇日から一一月三〇日まで、被災者が乗車する車両に限って、無料で通行できるようにした。

震災という予期せぬ出来事で社会実験も中途半端なものとなった。

4 八ッ場ダム

辺野古移設をめぐる「最低でも県外」問題は、鳩山首相がマニフェストにないことを突然表明したわけだが、八ッ場(やんば)ダムをはじめとする公共事業の見直しは、民主党政権にとって「ど真ん中」の政策だっただけに、見直しの中止に追い込まれたのは残念だった。

民主党は一九九六年の旧民主党結党当時から「公共事業コントロール法案」を議員立法で策定するなど「公共事業見直し」を中心施策の一つと位置づけてきた。野党時代には、ダムに頼らず森林の保水力を高めるなどして治水能力を高める「緑のダム構想」をうたったこともある。

政権交代を実現した二〇〇九年のマニフェストでは「時代に合わない国の大型直轄事業は全面的に見直す」と明記していた。計画発表が一九五二(昭和二七)年、政権交代時の総事業費四六〇〇億円で、すでに約七割の工事が終わっていた八ッ場ダムは、川辺川(かわべがわ)ダム

（熊本県）と並んでその象徴となっていた。

　鳩山政権の前原誠司国土交通大臣は、就任した二〇〇九年九月一六日当日（日付をまたいで一七日未明）、八ッ場ダム問題について記者団に「マニフェストに書いてありますから中止します」と言い切った。さらに、川辺川ダムの中止や、建設中や計画段階にあった全国計一四三ヵ所のダム事業を、すべて見直すともぶち上げた。前原大臣はこの一週間後の二三日には八ッ場ダム、二六日には川辺川ダムの予定地に自ら足を運ぶなど、就任早々積極的な動きを見せた。

　しかし、こうした動きに反発したのは、国交省の官僚だけではなかった。当時の反対姿勢から、自民党政権下での長い間の議論を経て、苦渋の決断でダムを受け入れてきた地元住民も、突然の「脱ダム」方針に強く反発した。

　前原大臣が二三日に八ッ場ダムの予定地を視察した際、住民は会合への出席を拒否した。群馬県の大沢正明知事は「半世紀以上苦しんできた地元の住民の声に耳を傾けることなく、ダム中止を表明したことは大変遺憾だ」と述べ、前原氏に建設中止の撤回を求めた。ダムの共同事業者である東京、埼玉、千葉、茨城、栃木の各都県知事も、建設中止を批判する声を上げた。

　一方、川辺川ダムに関しては、蒲島郁夫（かばしまいくお）知事は中止に賛同したが、流域一二市町村の賛否は分かれた。

約三カ月後の二〇〇九年一二月、国交省内に「今後の治水対策のあり方に関する有識者会議」が設置された。「ダムに頼らない治水」への転換を進めるため、全国に八三あったダム事業を検証し、ダム事業とのコストの比較などを行った。

しかしこの間、鳩山政権、続く私の政権が次々と短期間で終わることになり、大臣も何人も交代した。民主党政権自体の体力が大きく削がれてしまった上に、鳩山政権における普天間問題、私の政権における東日本大震災など次々と大きな問題に直面し、八ッ場ダム問題に関する党内の関心も薄れていった。

野田政権で、旧建設省出身の前田武志氏が国交大臣に就任すると、国交省の関東地方整備局が「八ッ場ダム建設事業の総合的な評価」案をまとめた。治水や利水の面から総合的に評価した結果、最も有利な案は「ダム案」であるとされていた。

国交省の逆襲が始まったのだ。

野田政権で民主党政調会長に就任した前原氏は、関東地方整備局の評価結果について、記者会見で「大臣が変わって一〇日もたたない時期に出してくるのはどういうことか。極めて不愉快だ」と批判した。だが、「社会保障と税の一体改革」などの重要な政策課題を抱えていた野田政権は、すでに八ッ場ダム問題まで手が回らなくなっていたようだ。

官僚主導で作られた建設再開の流れを押しとどめられないまま、わずか三カ月後の二〇一一年一二月二二日、前田国交大臣は記者会見で、八ッ場ダムの建設再開と、凍結していたダム本体工事費を二〇一二年度予算案に計上することを表明した。

記者会見で前田大臣は「民主党の中にもマニフェストとの関係で、これはいかがか、というような納得されない方々も大勢おられます。当初のマニフェスト通りの結果が得られなかったということは非常に残念ですが、苦渋の決断をさせていただいた」と述べた。

力不足で政治主導による政策転換ができなかったことは、私自身も残念でならない。

八ッ場ダムは民主党の下野後、二〇二〇年の四月に供用開始された。また、凍結が続いていた川辺川ダム計画も同年七月の九州豪雨で球磨(くま)川が氾濫し、死者・行方不明者六七人という大きな被害をもたらしたことを受け、蒲島知事がこれまでの「ダムによらない治水」方針を転換し、ダム建設の容認を表明した。

ここ数年、大型台風が関東地方を含め全国を襲っていることもあり「ダムが災害を救った」などといった声も聞かれる。民主党政権の「コンクリートから人へ」「ダムに頼らない治水」は、長年にわたる安倍・菅(すが)政権の下で、後退どころか大きく反転させられている。

民主党政権の政策をすべて否定したい向きが、そのように主張したい気持ちは理解する。しかし、簡単にそう言い切ってもよいのだろうか。民主党政権で大型ダム事業を転換できなかったのは、あくまで私たちの政権運営の未熟さにあったのであり、政策そのものの方向性が誤っていたとは限らない。

ダムは超大型の台風が到来し、想定を上回る豪雨が降った場合は、放流によって下流域にさらなる被害を及ぼす可能性もある。また、二〇一九年一〇月に東日本を縦断した台風一九号は、多数の堤防を決壊させ、流域に大きな被害を及ぼした。

安倍・菅政権の「国土強靭化」政策が、これからの日本において本当に正しいのか。安易に大型公共事業のみに頼るのではなく、民主党政権が掲げた「ダムに頼らない治水」も組み合わせた上で、災害の大規模化に対応した新しい災害対策を検討する必要はないのか。

民主党政権時代の「公共事業見直し」は「無駄な予算の見直し」にやや重きが置かれた傾向があったが、これからはこうした観点からも、改めて公共事業のあり方を考えるべき時が来ていると思う。

第五章

政権への道、再び

枝野幸男氏との遊説(2017年10月14日、吉祥寺駅北口)

1 民主党は本当に「惨敗」したのか

†比例代表の得票差は大きくない

二〇一二年一二月一六日に行われた衆議院議員総選挙で、民主党は公示前の二三〇議席を大きく減らす五七議席と惨敗し、政権の座を降りた。

自民党は公示前の一一八議席から二九四議席へと大きく議席を伸ばして、公明党と連立を組み政権を奪還した。自民党総裁に返り咲いていた安倍晋三氏が再び内閣総理大臣となり、この安倍政権は七年八カ月続き、官房長官を務めていた菅義偉氏が後継の総理になった。

民主党は野田政権下の二〇一二年、社会保障と税の一体改革、もっと言えばそこに盛り込まれた「消費税率引き上げ」の是非をめぐり、深刻な党内対立を引き起こした。

野田佳彦総理が自民、公明両党との間で結んだ「三党合意」に抗議し、小沢一郎氏のグループが離党し、新党「国民の生活が第一」を結党した。この政党は後に、滋賀県知事だ

	比例代表			小選挙区			合計議席	公示前	増減
	得票数	得票率	議席	得票数	得票率	議席			
民主党	9,268,653	16.00%	30	13,598,773	22.81%	27	57	231	-174
日本未来の党	3,423,915	5.69%	7	2,992,365	5.02%	2	9	61	-52
民主党系合計	12,692,568	21.69%	37	16,591,138	27.83%	29	66	292	-226
自由民主党	16,624,457	27.62%	57	25,643,309	43.02%	237	294	118	176
公明党	7,116,474	11.83%	22	885,881	1.49%	9	31	21	10
自公合計	23,740,931	39.45%	79	26,529,190	44.51%	246	325	139	186
日本維新の会	12,262,228	20.38%	40	6,942,353	11.64%	14	54	11	43
みんなの党	5,245,586	8.72%	14	2,807,244	4.71%	4	18	8	10
日本共産党	3,689,159	6.13%	8	4,700,289	7.88%	0	8	9	-1
社会民主党	1,420,790	2.36%	1	451,762	0.76%	1	2	5	-3
新党大地	346,848	0.58%	1	315,604	0.53%	0	1	3	-2
新党日本				62,697	0.10%	0	0	1	-1
新党改革	134,781	0.22%	0				0	0	0
国民新党	70,847	0.12%	0	117,185	0.20%	1	1	2	-1
無所属				1,006,468	1.69%	5	5	7	-2
幸福実現党	216,150	0.36%	0	102,634	0.10%	0	0	0	0
総計	60,179,888	100.00%	180	59,626,566	100.00%	300	480		

2012年衆議院選挙（投票率59.31%）

った嘉田由紀子氏を迎え「日本未来の党」となり、二〇一二年衆院選はこの党名で戦い、小沢一郎氏をはじめ九名が当選した。

したがって、二〇〇九年に獲得した三〇八議席が一二年総選挙の告示時点で二三〇になっており、それが五七議席になったのである。もちろん、三〇八から五七でも、二三〇から五七でも、激減したことに変わりはない。

当時はあまりに議席が減ってしまったので、党内には結果を分析して、次の選挙に向かおうという気分すらなかったように記憶している。勝った時よりも、負けた時こそ、敗因を分析しなければならないのだが、なかなか難しい。むしろ、さっさと忘れることが前向きであるかのように思えてしまう。

改めて、この時の選挙結果をデータで振り返ってみたい。

　政党名で投票する比例代表の有効投票総数は六〇一七万九八八八票だった。自民党は一六六二万四四五七票を獲得し、有効投票数に占める得票率は二七・六二パーセントだった。一方の民主党の得票数は九六二万八六五三票で、得票率は一六・〇〇パーセントであった。ちなみに、民主党離党者を中心に構成した日本未来の党は三四二万三九一五票を獲得し、得票率は五・六九パーセントだった。分裂の経緯を考えると、単純に足し合わせることは若干はばかられるが、それでも「民主党系」ということであえて二党の得票数を合計すれば、一三〇五万二五六八票、得票率は二一・六九パーセントとなる。自民党との得票率の差は五・九三ポイントだ。

　一方、小選挙区の候補者が獲得した票の合計は、一三五九万八七七三票と、比例の合計よりも多い。得票率は二二・八一パーセントだ。しかし獲得議席は二七だった。日本未来の党は二九九万二三六五票、五・〇二パーセントで、二議席だった。両党の候補者調整をしていれば、獲得議席はもっと増えたはずだ。自民党は小選挙区では二五六四万三三〇九票、四三・〇二パーセントを得て、二三七議席獲得した。

　このデータをどう解釈すればいいだろうか。もちろん、時の政権与党の得票が野党を下回ったわけで、それ自体明らかに民主党への不信任であろう。しかし一方で、データだけを見れば「民主党は言われるほど負けてはいなかった」とも考えられる。

しかし、獲得議席があまりにも少なかったため、「いや、比例では健闘した」「未来の党と合わせれば、ほぼ互角だ」などと言う者もいなかったと思う。それくらい獲得議席五七は、私たちにもショックだった。そのため、あの逆風下でも比例で民主党に投票していただいた九六二万八六五三人、小選挙区で民主党候補に投票していただいた一三五九万八七七三人の方たちの存在が見えなくなっていたのも事実だ。

民主党自身が、「敗北」を語る際に、議席だけみて「惨敗」と言ってしまった。再出発するにあたり、選挙制度の特性をよく理解した上で、獲得した票の持つ意味をしっかりと分析する必要があった。

†選挙制度と「第三極」で惨敗イメージが増大

なぜ「民主党は惨敗した」と受け止められたのか。理由は二つあると考える。

ひとつは選挙制度だ。言うまでもないが、衆議院の選挙制度は小選挙区比例代表並立制である。二〇一二年衆院選では、衆議院の定数は四八〇で、うち小選挙区が三〇〇、比例代表が一八〇だった。選挙区で一位となった候補のみが当選する小選挙区制（比例復活の制度があり、やや複雑だが）は、たとえば一位と二位の得票の比率が「五一対四九」だったとしても、四九を切り捨ててしまう、すなわち「死票が多い」制度だ。個々の選挙区のわずかな得票差が、ドラスティックな選挙結果を生む制度なのである。

民主党と自民党の獲得議席を選挙制度別で見てみると、小選挙区では自民党二三七議席に対し、民主党二七議席。比例代表では自民党五七議席に対し、民主党三〇議席である。どちらも大敗ではあるが「負け具合」では大きな差がある。民主党は小選挙区で地滑り的に惨敗したが、それが選挙結果全体に大きな影響を及ぼしたのである。

小選挙区制は、それまでの中選挙区制に比べて政権交代が起こりやすい。民主党も二〇〇九年衆院選ではこの選挙制度があってこそ政権交代を成し遂げたわけであり、ここで「選挙制度のせい」にするつもりはない。敗北は敗北である。

もうひとつは、与党でも野党でもない「第三極」と呼ばれる政党の台頭だ。自民党を離党した渡辺喜美氏が、民主党の政権奪取直前の二〇〇九年八月に結党した「みんなの党」、そして二〇一二年九月に橋下徹（はしもととおる）大阪市長が結成した「日本維新の会」が、それぞれ一二年衆院選に臨んだ。どちらも新自由主義的な改革志向を持ち、当時の民主党とある程度親和性の高い政策を掲げていた。特に、地元の大阪で熱狂的な支持を集めていた日本維新の会は、選挙後に下野が織り込まれていた民主党を議席数で上回り、野党第一党になるのではないかという観測すらあった。

選挙結果は、日本維新の会が公示前の一一議席から五四議席へと大きく躍進し、みんなの党も八議席から一八議席に増えた。両党が民主党の「改革」姿勢に期待して裏切られたと感じていた有権者の支持を一定程度集め、民主党から票を奪ったのは間違いない。

こういう政治状況と小選挙区中心の選挙制度が相乗効果を起こした。小選挙区制は基本的に、二大政党（ないしは二大政治勢力）が明確な政治状況で「ＡかＢか」を選択させることに適した制度だ。一二年衆院選は自民党の政権返り咲きが、選挙前から確実視されていた選挙だ。こういう選挙で、民主党を含む第二党以下の政党が分立する状況となったことで、必然的に非自民支持層の票が各党に分散する「票割れ」が起き、結果として選挙区で自民党が圧勝してしまった。いわゆる「一強多弱」を生んだのである。

選挙制度だけでなく、こうした政治状況も十分に踏まえた上で戦わなければいけない。

†「維新」を上回った意味

選挙結果は確かに惨敗だったが、民主党の政権運営を評価し、近い将来の再起を期待していた一〇〇〇万人以上の有権者が、見えにくかったが確実に存在していた。データを見る限り、「反省しすぎたのではないか」という思いも否めない。

民主党に投票した方の多くも、この選挙で政権を失う可能性の高いことはわかっていたと思う。それでも、民主党政権を評価し、今後も続けてほしいと投票してくれたのだ。それなのに、三年三カ月にわたり政権を運営する中で手にした多くの経験という価値を自ら過小評価し、安易に「解党的出直し」などと口にして、せっかくの財産を捨て去ろうとしてはいなかったか。

「第三極」が台頭するなか、日本維新の会の獲得議席は五四議席と、民主党の五七議席に三議席及ばず、民主党は辛うじて、野党第一党の立場を守ることができた。

「野党第一党であること」の意味は、非常に大きい。「二大政党の一方」であることを意味するからだ。それは、与野党伯仲であろうと議席差が大きく開いていても関係ない。

民主党がもしこの時、日本維新の会に野党第一党の座を譲っていたら、日本の政治は自民党と日本維新の党の「保守二大政党制」に明確に移行していた。リベラル勢力は行き場を失い、憲法改正もやすやすと実現したかもしれない。現在の「自公維」とまで呼ばれる維新の与党寄りのスタンスを見れば、内政面においても自民党政権との差がほとんどなくなり、事実上の大政翼賛会的な政治状況が生まれていたかもしれないのだ。

わずか三議席とはいえ、あの時民主党が日本維新の会の議席を上回って野党第一党を維持したことは、その後の立憲民主党の結党を含め、日本の政治について大きな意味があったと考えている。

2 野党「どん底」の二〇一三、一四年

†東京選挙区で共倒れとなった二〇一三年参院選

二〇一二年に下野した民主党は、日本維新の会の猛攻を辛うじてかわし、どうにか野党第一党の座を維持することができた。しかし、反転攻勢に転じるまでには、さらに長い時間がかかった。誰もが自信をなくし、党内は暗く沈んでいた。選挙後の朝日新聞の世論調査では、大敗した民主党に「自民に対抗する政党として立ち直ってほしい」との回答が過半数の五三パーセントあり、「そうは思わない」の三八パーセントを上回っていたが、党内にこうした声を受け止めるだけの力がなかった。

下野から半年余りが過ぎた二〇一三年七月に行われた参議院選挙で、民主党が比例代表で獲得したのは七一三万四二一五票、得票率は一三・四〇パーセントだった。衆参の違いがあるとはいえ、一二年の衆院選（一六・〇〇パーセント）からさらに得票率を落とした。自民党が一八四六万〇三三五票を獲得し、得票率を三四・六八パーセントと、一二年衆院

	比例代表			選挙区			合計議席	非改選	新勢力
	得票数	得票率	議席	得票数	得票率	議席			
民主党	7,134,215.04	13.40%	7	8,646,371.57	16.29%	10	17	42	59
自民党	18,460,335.20	34.68%	18	22,681,192.00	42.74%	47	65	50	115
公明党	7,568,082.15	14.22%	7	2,724,447.00	5.13%	4	11	9	20
日本維新の会	6,355,299.50	11.94%	6	3,846,649.00	7.25%	2	8	1	9
日本共産党	5,154,055.46	9.68%	5	5,645,937.00	10.64%	3	8	3	11
みんなの党	4,755,160.81	8.93%	4	4,159,961.00	7.84%	4	8	10	18
社会民主党	1,255,235.00	2.36%	1	271,547.00	0.51%	0	1	2	3
生活の党	943,836.58	1.77%	0	618,355.00	1.17%	0	0	2	2
緑の党グリーンズジャパン	457,862.08	0.86%	0	58,032.00	0.11%	0	0	0	0
みどりの風	430,742.88	0.81%	0	620,272.00	1.17%	0	0	0	0
新党大地	523,146.45	0.98%	0	409,007.00	0.77%	0	0	0	0
幸福実現党	191,643.62	0.36%	0	606,692.00	1.14%	0	0	0	0
新党改革	-	-	-	-	-	-	0	1	1
沖縄社会大衆党	-	-	-	294,402.00	0.55%	1	1	0	1
その他				390,991.57	0.70%				
無所属	-	-	-	2,098,603.00	3.95%	2	2	1	3
野党・無所属小計	27,201,197.40	51.10%	23	27,666,837.95	52.13%	22	45	62	107
合計	53,229,614.76	100.00%	48	53,072,476.95	100.00%	73	121	121	242

2013年参議院選挙（投票率52.61％）

選（二七・六二パーセント）から約七ポイントも上げたのとは対照的だった。

比例代表以上に悲惨だったのは選挙区での戦いだった。衆院の小選挙区にあたる一人区での与野党の勝敗は、野党の二勝二九敗と、全滅に近い惨敗だった。富山、和歌山、山口では候補者の擁立もできなかった。

民主党は改選前四四議席から一七議席へと減らし、非改選と合わせた参院議席数は五九議席と第二党に転落した。自民党は六五議席獲得し非改選五〇と合わせ一一五議席、参議院第一党になった。

民主党の党勢を象徴するのが、五人区の東京だった。候補者を直前で一人に絞り込んだにもかかわらず、民主党現職の鈴木寛氏が落選した。野党第一党の候補が、上位五人に入れない。民主党の退潮を象徴する結果だった。

東京選挙区では当初、民主党は二人擁立していた。どちらも現職で、鈴木氏と大河原雅子氏である。しかし情勢調査の結果、二人当選は難しいとなり、どちらかに一本化することになった。大河原氏は前回二〇〇七年の参院選では東京選挙区でトップ当選した実績があったが、情勢調査では鈴木氏のほうが優位となったらしく、大河原氏には比例代表への転出が打診された。しかし、大河原氏はすでに選挙の準備もしているので東京選挙区からの立候補を決めた。民主党籍を残したままでの無所属での立候補という、一般にはわかりにくい形だった。

その結果、民主党系候補として大河原、鈴木の両氏が立候補し、共倒れしてしまったのだ。私は大河原氏が都議会議員だった時代からよく知っていたし、その支持母体となる生活者ネットとは、その始まりから一緒にやってきた。ここで大河原氏を見放すことはできないので、選挙が始まると大河原氏の応援に入った。

これが「反党行為に当たる」として、選挙後、党の最高顧問という役職を解任され、三カ月の党員資格停止処分となった。

党員資格停止になったからではないが、選挙後の九月、私は四国へ出かけ、二〇〇四年七月に始めたお遍路、八十八箇所の霊場めぐりを九月二九日に結願した。

話を戻すと、東京選挙区で民主党の鈴木氏を上回って当選したのは、後にれいわ新選組を結党することになる無所属の山本太郎氏だった。山本氏は元俳優の知名度に加え、当時は「脱原発」など民主党に近いリベラルな政策を声高に訴えていた。「寄り合い所帯」で政策的な「幅の広さ」があった民主党は、右から日本維新の会、左から山本太郎氏に支持層を削られ、自らのアイデンティティーを厳しく問われる状態に陥っていた。

なお、大河原氏は二〇一六年の参院選では民進党公認の比例区で出たが落選、一七年の総選挙で立憲民主党の北関東比例ブロックで立候補し当選した。鈴木氏は、二〇一四年一〇月に安倍政権で文部科学省参与、一五年二月には文部科学大臣補佐官になった。

†二〇一四年衆議院総選挙

続く二〇一四年一二月の衆院選は、自民党二九〇議席に対し、民主党は七三議席だった。公示前の六三議席から伸ばしたとはいえ、一二年衆院選から党勢を上向かせたとは言えない結果だった。比例代表の得票数は九七七万五九九一票と、なお一〇〇〇万票の大台に届かなかった。得票率は一八・三三パーセントで、下野した一二年衆院選（一六・〇〇パーセント）、一三年参院選（一三・四〇パーセント）からわずかに上昇しているものの、自民

党派	比例代表			小選挙区			合計	公示	増減
	得票数	得票率	議席	得票数	得票率	議席	議席	前	
自由民主党	17,658,916	33.11%	68	25,461,448.92	48.10%	223	291	295	-4
公明党	7,314,236	13.71%	26	765,390.00	1.45%	9	35	31	4
民主党	9,775,991	18.33%	35	11,916,849.27	22.51%	38	73	63	10
維新の党	8,382,699	15.72%	30	4,319,645.82	8.16%	11	41	42	-1
次世代の党	1,414,919	2.65%	0	947,395.99	1.79%	2	2	19	-17
日本共産党	6,062,962	11.37%	20	7,040,169.79	13.30%	1	21	8	13
生活の党	1,028,721	1.93%	0	514,575.00	0.97%	2	2	5	-3
社会民主党	1,314,441	2.46%	1	419,347.00	0.79%	1	2	2	0
その他	43,726	0.72%		381,922.00	0.08%				
無所属	-	-	-	1,511,242.15	2.85%	8	8	15	-7
総計	52,996,611	100.00%	180	53,277,985.96	100.00%	295	475	480	-5

2014年衆議院選挙（投票率52.66%）

党の得票率は三三・一一パーセントであり、一二年衆院選比では民主党以上の伸びを見せている。

象徴的だったのは、この選挙で民主党代表の海江田万里氏が東京一区で敗北し、比例復活もできずに落選してしまったことだ。私自身、小選挙区の東京一八区で敗北し、比例代表で復活当選したが、その当選確実の一報が出るのがすべての選挙区で最も遅くなり「最後の一議席」として注目されてしまった。たしか午前三時頃に当選が決まったと思う。

民主党を含む野党はまだ、立ち直りの兆しすらつかめていなかった。

党規約で代表は国会議員から選ぶことになっていたので、海江田代表は辞任し、代表選挙に長妻昭・岡田克也・細野豪志の三名が立候補し、岡田氏が選ばれた。

3 「市民との共同」の始まり

†「安保法制反対」での若い世代との連携

そんな野党に復活の兆しが生まれた契機は、安倍政権が二〇一五年に強行に成立させた安全保障関連法案への反対運動だっただろう。

前年の二〇一四年七月一日、安倍政権は憲法が認めていない集団的自衛権行使の一部容認を閣議決定した。憲法改正に異様な熱意を見せる安倍首相だったが、衆参両院で圧倒的な多数を得ても改憲手続きに時間がかかるとみたのか、国会の質疑も経ず、通常国会が閉会した後に内閣の判断だけで憲法解釈を変更したのである。解釈改憲に法的根拠を持たせるべく「後付け」で用意しようとしたのが安全保障関連法だと言っていい。

この閣議決定の頃から、政治の外にいる若い世代に新しい動きが生まれてきた。翌二〇一五年五月に設立された「ＳＥＡＬＤｓ（シールズ＝自由と民主主義のための学生緊急行動）」である。

ＳＥＡＬＤｓは、二〇一三年の特定秘密保護法案に反対する学生団体を母体にして誕生した。この法案に対して、民主党を含む野党も反対していたが、この時点では、政治と国会外の反対運動とが連携できていなかったと思う。

しかし、二〇一五年五月に安全保障関連法案の閣議決定が行われたころから、潮目が変わってきたと感じた。

六月四日、衆院憲法審査会では、憲法学の専門家三人を招いて参考人質疑が行われたのだが、三人の参考人全員が安全保障関連法案について「憲法違反だ」と批判した。その三人のひとり、自民党や公明党などが推薦した早稲田大学の長谷部恭男教授（東大名誉教授）は、安保法案について「従来の政府見解の基本的な論理の枠内では説明がつかない」と言い切った。与党が呼んだ参考人が政府案を否定するという、前代未聞の事態である。

†潮目が変わる

四日後の六月八日、私は自分のブログに、まさに「潮目が変わった」というタイトルで以下のように書いた。

【六月四日の衆院憲法審査会で、自民党が呼んだ長谷部恭男教授を含む三人の憲法学者全員が法案は「違憲である」と表明した。

憲法審査会で三人の参考人が「安保法制は憲法違反」と発言した事で国会審議の潮目が変わった。自民党推薦の参考人を含めて全員が揃って憲法違反と断じたのは極めて大きい意味を持つ。

憲法学の大御所を含め憲法学会の圧倒的多数が憲法違反と言うのを安倍総理一人で覆すのはむつかしい。世論調査でも慎重論が圧倒的。

こうなると安倍総理がアメリカ議会でこの夏までに安保法制を成立させると言ったことが裏目に出た。対米公約を守るために強引に強行採決すれば、おじいさんの岸信介総理と同じように総理退陣を迫られる可能性が出て来た。しかも条約と違い、法律は一旦成立しても、安倍政権が倒れた後で改正することも可能だ。

多くの国民が安倍総理の強引なやり方はおかしいと感じている。】

これを機に、ＳＥＡＬＤｓの若者たちが国会前に集まって行っていた抗議活動に、国会議員が少しずつ加わるようになっていった。

私は六月二八日、ＳＥＡＬＤｓが渋谷・ハチ公前で実施した「戦争法案に反対するハチ公前アピール街宣」に党を代表して参加して演説した。街宣には共産党の志位和夫委員長、当時維新の党に所属していた初鹿明博氏も来ていた。初鹿氏は後に、この街宣への出席を理由に党から処分を受けた。

†枝野幸男氏の長時間演説

法案をめぐる与野党攻防が大詰めを迎えた九月一八日、野党は衆院に内閣不信任決議案、参院に安倍首相の問責決議案を、それぞれ提出した。そして、衆院本会議での内閣不信任決議案の趣旨説明に立ったのが、当時民主党幹事長だった枝野幸男議員だった。

枝野議員はここで、一時間半を超える大演説を展開し、閣議決定のみで集団的自衛権をめぐる政府の憲法解釈を変更した安倍政権の姿勢を、言葉を尽くして批判し続けた。

こうした長時間演説は「フィリバスター」と呼ばれる。「議事妨害」と説明されることが多いが、私は、社民連時代の一九九二年に、PKO協力法に反対するため、衆議院本会議で議院運営委員長の解任決議案に賛成の討論を、制限時間を超過し、議長の発言中止命令を無視して演説を続け、衛視に壇上から押し出され降壇させられたことがある。

当時の国会では、野党は問題の多い法案については、時間切れで廃案にすることを目指し、採決での牛歩戦術や、内閣や大臣への不信任決議案や、委員長の解任決議案の賛成演説で時間を稼ぐしかなかった。最近は、こういう戦術は国民の理解を得られないとしてあまり採られない。

二〇一五年九月の枝野議員の衆議院本会議での演説のごく一部を引用したい。

「立憲主義に反する戦後最悪の法案を戦後最悪の手続きで強行する姿勢は、まさに暴挙そのものです。安倍内閣は、もはや、民主的政府としての理性を失い、みずからブレーキをかけることができない暴走状態と化しています。

くしくも、本日九月一八日、一九三一年、いわゆる満州事変が勃発をした日であります。安倍総理が取り戻すと称している日本は、このころの、つまり満州事変から日華事変、日中、日米戦争へと至る、昭和初期の暴走していた時代の日本ではないのでしょうか。

この暴走をとめる責任が私たちにはあります。私たちは、この今も、国会の周辺で、全国各地で、怒りを込めて声を上げている多くの主権者の皆さんの思いを背に、万感の怒りを込めて内閣不信任案を提出いたしました。」

「安全保障法制の具体的な問題点にも触れていきたいと思います。

まずは、何といっても、憲法違反であるという根本的な問題であります。

政府案による集団的自衛権の行使容認、そして後方支援の武力行使との一体化、これは、日本への武力攻撃がなくても自衛隊による武力行使を容認するものであり、従来の専守防衛を明らかに逸脱し、従来の憲法解釈からは到底許されない、憲法違反のものであります。」

「権力は憲法によって制約される、権力者は憲法に従ってその権力を行使しなければならない、これが立憲主義であります。まさに、内閣総理大臣たるもの、この立憲主義によって拘束される忠臣であります。

もちろん、我々国会議員も、その権力の一端を一時的にお預かりする者として、憲法に縛られ、憲法に反する法律をつくらない、そのために努力をするという責任を負っています。」

「民主主義というのは、憲法によって少数者の権利というものをしっかりと守る、民主的なプロセスで選ばれた権力といえども、ここは絶対やってはいけないんだ、こういうことはやってはいけないんだ、そういう縛りをかけておかなければ、民主主義は少数者に対する迫害になる。だから、民主主義と立憲主義というのはセットなんです。こんなことは世界の常識です。」

この枝野氏の演説を聞いていた市民の間から、やがてネット上に「頑張れ」の声が上がり始めた。「安倍一強」状態の国会で、安全保障関連法は翌一九日の明け方、参院本会議で可決・成立した。この点だけを見れば、野党と市民の敗北である。

だが、従来の敗北感とは、どこか異なるものを感じた。若い世代を中心にした街頭の声が、国会の内側を揺り動かした。一方、枝野氏の演説が市民に届いたように、国会の中の動きが市民にも届くようになっていた。民主党の下野後、疎遠になっていた政治と市民との間の共同が、安保法をめぐる攻防の中で、再び生まれ始めたように思えたのだ。

4　野党「再編」の始まり

†「候補者一本化」の効果

安全保障関連法を巡る攻防を経て、わずかずつではあるが、民主党内に「野党再編」に向けての機運が生まれ始めた。

二〇一四年の衆院選後の代表選で生まれた岡田克也代表は、枝野幸男氏を幹事長にして執行部を組んだ。岡田執行部は、まず二〇一六年二月、民主党との連携をめぐり路線対立を起こし、事実上分裂していた維新の党の一部と「合流新党」の結成で合意し、翌三月に党名を「民進党」に改めて結党大会を開いた。

所属国会議員は衆議院議員九六名、参議院議員六〇名の一五六名。現在の立憲民主党とほぼ同程度の規模である。代表には岡田氏がつき、結党大会では「民進党は日本に政権交代可能な政治を実現するためのラストチャンスだ」と訴えた。

	比例代表			選挙区			合計	非改	新勢
	得票数	得票率	議席	得票数	得票率	議席	議席	選	力
民進党	11,751,015.17	20.98%	11	14,215,956.00	25.14%	21	32	17	49
自民党	20,114,788.26	35.91%	19	22,590,793.00	39.94%	37	56	65	121
公明党	7,572,960.31	13.52%	7	4,263,422.00	7.54%	7	14	11	25
おおさか維新の会	5,153,584.35	9.20%	4	3,303,419.00	5.84%	3	7	5	12
日本共産党	6,016,194.56	10.74%	5	4,103,514.00	7.26%	1	6	8	14
社会民主党	1,536,238.75	2.74%	1	289,899.00	0.51%	0	1	1	2
生活の党と山本太郎となかまたち	1,067,300.55	1.91%	1	-	-	-	1	1	2
その他	2,795,270.89	5.00%	0	2,048,937.74	3.65%	0	0	5	5
無所属	-	-	-	5,739,452.16	10.15%	4	4	8	12
合計	56,007,352.84	100.00%	48	56,555,392.90	100.00%	73	121	121	242

2016年参議院選挙（投票率52.61%）

一方で岡田執行部は、この年の夏に予定されていた参院選に向けて、他の野党との選挙協力に向けて調整を進めた。一人区では民進、共産、社民、生活の党の四野党が「改憲勢力の三分の二阻止」を掲げて候補者を一本化させることに成功した。

七月一〇日投票の参院選では、一人区は一一勝二一敗と、二年前の二〇一四年参院選の二勝二九敗から大きく前進した。民進党の比例代表の得票数は一一七五万一〇一五票と、下野後の国政選挙で初めて一〇〇〇万票の大台に乗り、得票率も二〇・九八パーセントと、こちらも二〇パーセント台に乗せた。まだ十分とは言いがたかったが、民進党を中心とした野党勢力は、ようやく復調に向けた足がかりをつかんだと言えた。

もっとも、共産党との選挙協力で党勢拡大を図る党執行部の姿勢は、党内の保守系議員の反発も呼んだ。原発事故の際に補佐官として私を支えてくれた細野豪志氏をはじめ、保守系議員の離党者が相次ぎ、党内はなお不安定な状況に置かれていた。

九月末で民進党代表の任期は満了になるが、岡田代表がそのまま続けるのかと思っていたら、七月三〇日に岡田氏は「新しい人に担ってもらうことが、政権交代可能な政治のために良い」として、党代表選挙への不出馬を表明した。

その不出馬表明は、舛添要一都知事が辞任したことによる都知事選の投開票日前日でもあったので、私も唐突に感じたが、党内でも若干の批判や疑問はあった。岡田氏は生真面目な性格なので、裏があるわけではなく、自分の役割は参院選までと決めていたのではないかと推察した。

この参院選後の都知事選で小池百合子氏が当選したのである。

九月に行われた民進党代表選挙では、蓮舫、前原誠司、玉木雄一郎の三氏が立候補し、蓮舫氏が当選した。民主党時代を含めて初の女性の代表で、参議院議員としても初の代表だった。

†小池ショック

翌二〇一七年、予想もしなかった事態が民進党を襲った。東京都の小池百合子知事の「国政進出」問題である。

小池氏は一九九二年、当時の日本新党から政界入りし、その後紆余曲折の末、二〇〇二年に自民党に移って防衛相などを務めた。細川護煕氏、小沢一郎氏、小泉純一郎氏など時の権力者の懐に入るのがうまい政治家だが、安倍氏との折り合いは良くなかったようで、自民党の政権復帰後は要職から離れていた。

小池氏は二〇一六年、当時の舛添都知事が公私混同問題などで批判を受けて辞任したことに伴う都知事選に、党の方針に反して無所属で出馬した。自民党は公明党とともに元総務相の増田寛也(ひろや)氏を推薦し小池氏と戦ったが、小池氏は知名度の高さに加え、自民党東京都連や都議会重鎮への対決姿勢などからブームを引き起こし、ついには増田氏らを大差で破り、女性として初の都知事に就任した。

その勢いで、翌一七年夏の東京都議選では、小池氏が率いる地域政党「都民ファーストの会」が圧勝した。政界では与野党を問わず、小池氏が新党を作って国政に進出し、再び旋風を巻き起こすのではないかという危機感が生じ始めていた。

前年の参院選では民進党は復調の兆しを見せたが、都議選では都民ファースト旋風に負け、改選前に七議席あったのに、五議席しか獲得できなかった。二〇一三年には一五議席得ていたが、直前になって都民ファーストへ移った議員がいたので、改選前の時点で七議席に減っており、それがさらに五議席になってしまったのだ。

その責任を取って、蓮舫代表は辞任し、九月一日に代表選が行われた。

民主党時代もそうだが、毎年のように代表選をしていたことも、党の弱体化につながったと思う。その逆で弱体化しているから毎年のように代表が辞めていたとも言える。たとえば自民党は、二〇〇九年の総選挙で惨敗した後、谷垣禎一氏が総裁となり、二〇一二年の総裁選まで続けていた。民主党・民進党は大きな党内派閥抗争があるわけではないのに、代表を替えすぎたと思う、その点、立憲民主党になってからは、ずっと枝野幸男氏が代表を務め、責任を負う体制ができている。

さて、その蓮舫氏の後継を決める代表選挙には、前原誠司・枝野幸男の二氏が立候補した。枝野氏が代表選に出るのはこれが初めてだった。結果は前原氏が勝ち、新しい執行部では、枝野氏は代表代行となった。

そしてその矢先、政治は大きく動き出したのである。

†民進党分裂、立憲民主党結党

二〇一七年九月二五日、安倍晋三首相は突如、記者会見で衆院解散を表明した。森友・加計（かけ）学園問題などで政権に厳しい目が向けられるなか、野党の態勢が整わないうちに解散・総選挙を行い「勝ち逃げ」する戦略だ。いかにも安倍氏らしい正面からの闘いを避ける戦術である。

ところがこの会見に先立ち、小池氏は記者会見で突然、新党「希望の党」の結党を発表した。希望の党の結党メンバー（当時は「チャーターメンバー」と呼ばれていた）には、細野氏をはじめ、民主・民進党の共産党への接近を嫌って離党したかつての仲間の保守系議員が加わっていた。「希望の党」結党は安倍首相にも衝撃だったと思うが、民進党にはそれ以上の大きな衝撃を与えた。

三日後の二八日、多くの民進党議員にとってまさかの事態が起きた。前原代表が突然、民進党と希望の党の「合流」を打ち上げたのだ。事実上の「解党提案」だった。後でわかったことだが、前原代表は「希望の党」結党会見翌日の二六日夜、連合の神津里季生（こうづりきお）会長とともに、小池氏とひそかに会談し、この方針を決めたようだ。

前原代表は党両院議員総会で、「衆院選における民進党の公認内定をすべて取り消し、立候補予定者は希望の党に公認申請をする」、そして、「民進党は希望の党を全力で支援すること」を提案し、「政権交代を実現する大きなプラットホームを、もう一度われわれ自身が作る。名を捨てて実を取る」と述べた。

この時の「全員での合流」を強調した前原氏の気迫に押される形で、私を含め、異議を唱える雰囲気にはなく、合流方針は満場一致で承認された。甘いと思われるかもしれないが、この時の前原代表に、私や枝野氏を排除しようという意図はなかったと信じたい。

しかし「全員での合流」は、わずか数時間後に雲行きが怪しくなった。

小池氏はこの日午後にあった日本記者クラブでの記者会見で「安保法制に賛成していない人は、そもそもアプライ（応募）してこないと思う」と発言した。翌二九日には東京都庁での記者会見で「排除いたします」と明確に言い切った。小池氏は、二〇〇五年に小泉純一郎首相が、郵政民営化法案に反対した自民党議員の選挙区に「刺客」を立てて喝采を集めた「郵政選挙」の再現を狙っているとみえた（あの選挙では小池氏自身が「刺客」だった）。

この時点で、希望の党への国民の支持は驚くほど高いものだった。読売新聞社が二八・二九日に実施した緊急世論調査では、希望の党は「比例代表の投票先」で、自民党（三四パーセント）に次ぐ一九パーセントを記録した。投開票日まで一カ月を切っていた衆院選は「自民vs希望の政権選択選挙」の様相を呈し、民進党内で「リベラル派」とされていた議員が、軒並みはじき飛ばされる可能性が現実味を帯びた。

私自身、小池氏が新党の公約に「原発ゼロ」を掲げた姿勢自体は好ましく思い、今後の活躍によっては、ドイツのアンゲラ・メルケル首相のようになれるかもしれないと言ったこともある。だが一方で、憲法や安全保障に関する姿勢はとても賛同できるものではなかった。

私がそう思うように、小池氏も私や枝野氏のようなリベラルな議員は煙たかったのだろう。安保法制への賛成を踏み絵とし、賛成しない議員を排除するとの姿勢を明確にした。

もちろん、我々には前原代表を信じ、全員での合流を迫る道もあった。しかし、選挙の公示が迫っていた。このまま待って、「あなたは公認できません」と言われたら、無所属での立候補の準備も間に合わない。そもそも現行の選挙制度では無所属での立候補は可能だが、当選は極めて難しい。

そこで、希望の党から排除されるとみられた民進党内のリベラル派の間で、新党結成の動きが急速に進んだ。日本からリベラルな政治勢力が失われることを危惧した市民の間からも、直前の民進党代表選で前原氏と戦った枝野氏に「決起」を求める声が上がり始めた。ネット上では「#枝野立て」というハッシュタグをつけたつぶやきがあふれた。

野党をめぐる大混乱のなか、私は一方で、一〇月一日に投開票が行われた地元の東京都武蔵野市の市長選の渦中にあった。選挙結果は驚くべきものだった。元民主党都議の松下玲子氏が、自民党候補にダブルスコアの大差をつけて初当選したのだ。実は、松下氏は夏の都議選で、都民ファーストの会の候補に敗れていた。

わずかな間に政治の潮目が変わっている。リベラルな政治勢力を求める国民の声は、確実に強まっていると、私は確信した。

そして、松下市長の誕生から一夜明けた翌二日午後五時、枝野氏はたった一人で記者会見に臨み、新党「立憲民主党」の結党を発表した。

私も、当然、立憲民主党に参加した。

†二〇一七年衆院選での躍進

総選挙の公示は結党から八日後の一〇月一〇日、投開票日は二二日である。まさに短期決戦だった。

一方、小池氏率いる希望の党は「排除します」発言を潮目に、急速に勢いを失っていた。私も、総理として臨んだ二〇一〇年の参院選で「消費税一〇パーセント」発言で潮目が変わってしまった経験があるが、政治家として、言葉の重さ、恐ろしさを改めて感じる。しかし当時は私も自分の選挙をどう戦うかで精一杯で、評論家的に「潮目が変わりましたね」などと言っている場合ではなかった。

だが「今回は違うぞ」という手応えを感じていた。枝野氏が結党を発表したのは一〇月二日の午後五時だったが、私はその直後に、事務所のあるJR三鷹駅前で、演説を始めた。するとと、多くの人が立ち止まって聞いてくれ、警官が来て整理をしなければならないほど

	比例代表			選挙区			合計議席	公示前	増減
	得票数	得票率	議席	得票数	得票率	議席			
立憲民主党	11,084,890	19.88%	37	4,726,326.08	8.53%	18	55	15	40
希望の党	9,677,524	17.36%	32	11,437,601.62	20.64%	18	50	57	-7
自民党	18,555,717	33.28%	66	26,500,722.64	47.82%	218	284	284	0
公明党	6,977,712	12.51%	21	832,453.00	1.50%	8	29	35	-6
日本維新の会	3,387,097	6.07%	8	1,765,053.40	3.18%	3	11	14	-3
日本共産党	4,404,081	7.90%	11	4,998,932.31	9.02%	1	12	21	-9
社会民主党	941,324	1.69%	1	634,719.00	1.15%	1	2	2	0
その他	729,207	1.30%	0	211,252.00	0.00%				
無所属	-	-	-	4,315,027.92	7.79%	22	22	44	-22
合計	55,757,552	100.00%	176	55,422,087.95	100.00%	289	465	472	-7

2017年衆議院選挙（投票率53.68％）

の群衆となった。こんなことは久しぶりだった。いかに多くの市民が、自民党にも希望の党にもうんざりし、どうにかしてくれと思っているかを感じたのだ。

二〇一二年、一四年とも、私は小選挙区では自民党の土屋正忠氏に負け、比例での復活当選だったが、今回はなんとしても小選挙区で勝ちたかった。別に土屋氏に遺恨があるわけではない。私が勝てば、その分、比例で他の候補者が当選できるからだ。

立憲民主党は公示前議席は一五だったが、結党からわずか二〇日で五五議席（無所属で戦い追加公認された一名を含む）を獲得し、希望の党（五〇議席）を抑えて野党第一党に躍り出た。

しかし、選挙直後のメディアの関心は立憲民主党ではなく「希望の党の惨敗」に向けられていた。衆院選を目前にして野党第一党・民進党が突然空中分解し、野党が「多弱」状態に陥ったことを、まるであざ笑うかのような報道があふれた。実際、立憲民主党の五五議席は、野党第一党の獲得議席としては、いわゆる「五五年体制」が確立して以降、最小の議席数だ。しかし、この選挙で野党は、全体と「野党多弱」の状況を作ってしまったことは確かだ。それは少し違うのではないか。

この衆院選で立憲民主党が比例代表で獲得したのは一一〇八万四八九〇票で、得票率は一九・八八パーセントである。前回二〇一四年の衆院選の民主党(九七七万五九九一票、一八・三三パーセント)をいずれも上回り、直近の一六年参院選時の民進党(一一七五万一〇一五票、二〇・九八パーセント)に迫る得票を得ているのだ。

ちなみに「惨敗」のイメージが強い希望の党が獲得した比例代表票は九六七万七五二四票、得票率は一七・三六パーセントだった。立憲民主党と希望の党をやや強引に「民進党系」の票として足し合わせれば、得票数の合計は二〇七六万二四一四票、得票率の合計は三七・二四パーセントとなり、自民党(一八五五万五七一七票、三三・二八パーセント)を上まわるのだ。

与野党という観点からみると、自民党・公明党と日本のこころを合わせて二五六一万八九八一票、四五・九五パーセントで、日本共産党や日本維新の会を合わせた野党全体の三〇一三万八五七一票、五四・〇五パーセントのほうが多かった。

これだけの得票を得ていながら「野党惨敗」となったのは、言うまでもなく小選挙区における野党乱立による共倒れのためである。

立憲民主党は希望の党から出馬した民進党出身候補者の選挙区は、自発的な「すみ分け」で候補者擁立を見送ったが、逆に希望の党は、立憲民主党から出馬した民進党出身候補の選挙区に、積極的に対立候補を立ててきた。私の選挙区はもちろん、枝野代表の選挙区（埼玉五区）にも候補を擁立した。少なくとも小池氏の狙いが「野党で結束して自公政権と戦い、政権交代を勝ち取る」ことになかったのは、こうしたことからも明らかだった。

立憲民主党と希望の党の競合は計三九選挙区にのぼった。付け加えれば、岡田克也氏や野田佳彦氏のように、立憲、希望のどちらにも加わらず、無所属で戦った仲間もいた。

共産党の存在もあった。共産党の志位和夫委員長は立憲民主党などとの「共闘」に舵を切ると明言し、私の東京一八区や枝野代表の埼玉五区をはじめ六七の選挙区で候補を取り下げた一方、希望の党に対しては、安保法制の容認や改憲に積極的な姿勢から「自公政権の補完勢力」と位置づけ、選挙区で戦う姿勢を明確にした。

結果として「立憲民主党vs希望の党」「共産党vs希望の党」といった選挙区が多数生まれ「野党共倒れ」につながった。与党に対して希望の党と共産党の候補がともに挑む選挙区は一二二にのぼったが、共産党との信頼関係を地道に作ろうとしていた民進党が、分裂せずそのままの形で衆院選に突入していれば、共産党は果たしてここまで競合選挙区を増やしたかどうか。

たしかに野党は戦略ミスを繰り返してきた。自民党がその圧倒的な議席数ほどに国民の支持を得てきたわけではない。裏を返せば、野党に対する国民の期待は決して小さなものではない。反省は必要だが、必要以上に自己を卑下する必要はないのだ。ナイーヴさは人間としては美徳だが、政党としては、したたかに、戦略的になるべきである。

5 「一強多弱」の国会で成果

†「裁量労働制拡大」法案から削除

二〇一七年衆院選で「多弱」となってしまった野党は、初めのうちはその戦闘力の弱さゆえに政府・与党側に押し込まれてしまう局面が目立ったのも事実である。

野党の質問時間削減をめぐる与党側の動きなどは、その最たるものだ。立憲民主党は衆院では、希望の党との議席差がわずか五議席と少なかったことや、民進党が残っていた参院では野党第一党でなかったこともあり、国会論戦で政党間や衆参両院の間での連携が十分に取れていなかった。

しかし、やがて希望の党の中で、当初の結党メンバーと民進党からの合流組との間に不協和音が生まれ、翌二〇一八年に民進党合流組による「国民民主党」が結党された。希望の党結党メンバーが切り離されたことで、野党間の連携は少しずつスムーズになっていった。それは国会論戦にも好影響を及ぼすようになり、野党の議席差を感じさせない奮闘によって巨大与党を追い詰める場面もみられるようになってきた。

そのきっかけとなったのが、二〇一八年の通常国会で安倍政権が最重要法案と位置づけた「働き方改革関連法案」ではないだろうか。法案に盛り込まれていた「裁量労働制の対象拡大」について、裁量労働制をめぐる労働時間のデータが不適切だった問題を野党が追及した結果、この部分が全面削除に追い込まれたのだ。法案の根幹にかかわる部分が、野党の追及によって変更されたのは異例のことだ。

働き方改革関連法案には、年収の高い専門職を労働時間規制から外す高度プロフェッショナル制度など、さまざまな改革が盛り込まれていたが、特に注目されたのが、あらかじめ定めた時間を働いたとみなして賃金を決める裁量労働制の対象拡大だった。野党は「長時間労働を助長しかねない」と問題視しており、一月二九日の衆院予算委員会では、立憲民主党の長妻昭議員がこの問題を取り上げた。

「こういう働き方を拡大すると、総理、確実に過労死が増えるというふうに私も思います。(中略)労働法制は岩盤規制で、削りゃいいんだという意識は変えていただきたい」

これに対し安倍首相は「岩盤規制に穴をあけるには、やはり内閣総理大臣が先頭に立たなければ穴はあかないわけでありますから、その考え方を変えるつもりはありません」とにべもなく述べた上で「厚生労働省の調査によれば、裁量労働制で働く方の労働時間の長さは、平均的な方で比べれば一般労働者よりも短いというデータもあるということは御紹介させていただきたい」と答弁し、対象を拡大する意義を強調した。

「裁量労働制で働く人の労働時間は一般労働者より短い」という安倍首相の答弁は、厚生労働省の二〇一三年度労働時間等総合実態調査のデータに基づいていた。しかしこの調査には、平均的な労働者の労働時間が「一日二三時間」を超える事業所があるなど、不自然な点が多かった。その後の野党の追及で、問題のデータは裁量労働制の人に「一日の労働時間」、一般の人に「一カ月で最も長く働いた日の残業時間」を聞いた結果を比較したものであることがわかった。

比較の仕方がおかしい。法案の前提に大きな疑義が生じ、安倍首相は二月になって答弁を撤回した。しかし、その後も連日のように異常なデータが見つかり、政府はついに、裁量労働制の拡大に関する部分を法案から全面的に削除することを決めた。

	比例代表			選挙区			合計議席	非改選	新勢力
	得票数	得票率	議席	得票数	得票率	議席			
立憲民主党	7,917,720.95	15.81%	8	7,951,430.00	15.79%	9	17	15	32
国民民主党	3,481,078.40	6.95%	3	3,256,859.00	6.47%	3	6	15	21
自民党	17,712,373.12	35.37%	19	20,030,330.96	39.77%	38	57	56	113
公明党	6,536,336.45	13.05%	7	3,913,359.00	7.77%	7	14	14	28
日本維新の会	4,907,844.00	9.80%	5	3,664,530.38	7.28%	5	10	6	16
日本共産党	4,483,411.18	8.95%	4	3,710,768.00	7.37%	3	7	6	13
社会民主党	1,046,011.52	2.09%	1	191,820.00	0.38%	0	1	1	2
れいわ新選組	2,280,252.75	4.55%	2	214,438.00	0.43%	0	2	0	2
NHKから国民を守る党	987,885.33	1.97%	1	1,521,344.00	3.02%	0	1		1
その他	719,284.70	1.44%	0	573,250.87	1.14%	0	0	0	0
無所属	−	−	−	5,335,641.14	10.59%	9	9	8	17
合計	50,072,198.40	100.00%	50	50,363,771.35	1000.00%	74	124	121	245

2019年参議院選挙（投票率52.61％）

†民間英語試験、撤回へ

翌二〇一九年夏の参院選で、立憲民主党は一七議席を獲得し、選挙前の九議席から議席をほぼ倍増させた。得票数は七九一万七七二一票、比例代表の得票率は一五・八一パーセントと、一七年衆院選に比べ勢いはやや陰ったように見え、実際にマスメディアなどの評価もその点に着目したものが目立った。これまでの選挙では、得票数での健闘を無視して議席数で「惨敗」イメージを強調されてきたことを思えば、なぜかこの参院選だけ得票数が着目されて「議席倍増」を事実上無視されたことには違和感がある。

もっとも、メディアの評価がどうあろうとも、国会での力は議席に表れる。実際、参院選における議席倍増効果は少なくなかった。前述した裁量労働制の問題をはじめ、国会活動を通じて野党同士の距離も縮まり始めていた。参院選後の九月、立憲民主、国民民主の両党と衆院会派「社会保障を立て直す国民会議」は、一〇月召集の臨時国会に向け、衆参両院で統一会派を結成することで合意した。

この臨時国会で野党が成果を上げることができたのは、翌二〇二〇年度のスタートが予定されていた大学入学共通テストの英語民間試験を撤回させたことだろう。

文部科学省は共通テストについて、英語の「読む、聞く、話す、書く」の四つの技能を測るためとして「民間試験の活用」を打ち出していた。受験生は高校三年の四月から一二月までの間に、大学入試センターがあらかじめ認定した七種類の民間試験（英検など）を受け、うち二回までの成績が、国のシステムを通じて出願先の大学側に提供され、合否判定に使われるというものだ。実際に合否判定に使われる試験は二回までだが、事前に「練習のための受験」をすることも許される。

民間英語試験をめぐっては、試験会場が都市部に偏っていることや受験料の高さなどから「住んでいる地域や家庭の経済状況などによって、試験を受けられる機会に格差が生じる」との懸念が指摘され、当事者の高校生や教育関係者から延期を求める声が出ていた。

そんな折に、試験を所管する萩生田光一（はぎうだこういち）文部科学相が、一〇月二四日のBSフジの番組で、こんな発言をした。

「それを言ったら「あいつ予備校行っててずるいよな」というのと同じだと思う。裕福な家の子が回数受けてウォーミングアップができるというのはあるかもしれないけど、そこは自分の身の丈に合わせて二回をきちんと選んで勝負して頑張ってもらえばいい」

この「身の丈」発言に、全国の高校生たちの怒りが爆発した。

野党各党はこの日、民間英語試験の導入延期法案を共同で衆院に提出した。立憲民主党と国民民主党、社会保障を立て直す国民会議、社会民主党と共産党までが同一行動をとった。記者会見には、法案を提出した各党議員とともに、高校生や保護者、予備校教師らも参加した。萩生田文科相は一一月一日の記者会見で「経済的状況や居住地にかかわらず、等しく安心して受けられると自信をもっておすすめできるシステムになっていないと判断した」と述べ、二〇二〇年度の英語民間試験の実施を見送る考えを表明した。

この日国会内で開かれた野党緊急全議員集会で、枝野代表は「党派を超えて力強く結束したおかげで、大きく前に進むことができた。何より、集会においでいただいた高校生の皆さんをはじめ、全国の多くの皆さんが声を上げてくださった。有権者、主権者の皆さんがしっかりと声を上げれば政治は動くという、民主主義の本来の姿を、この国に久々に取り戻すことができた」と述べ、野党結束の成果を強調した。

なお、大学入学共通テストをめぐっては、野党はこの後、国語と数学での記述式問題についても撤回させている。

†「桜を見る会」問題で安倍首相を追い詰める

その一週間後、野党の国会論戦において特筆すべき質疑が生まれた。一一月八日の参院予算委員会で、共産党の田村智子議員が、毎年四月に新宿御苑で開かれる首相主催の「桜を見る会」の参加者数と支出額が増え続けていることを指摘した上で、首相の後援会関係者など、いわゆる「お友達」に招待枠を設けているのではないかと批判した。

この質問が大きな注目を浴び、わずか五日後の一三日には、菅義偉官房長官が記者会見で、翌年の「桜を見る会」の中止を発表した。問題はその後も拡大の一途をたどり、安倍首相は「公的行事の私物化」と、国民の厳しい視線にさらされるようになった。

共産党の宮本徹議員が国会での質問を前に「桜を見る会」の招待者名簿を資料要求した当日に、内閣府が大型シュレッダーで名簿を廃棄したことが判明した。安倍長期政権が抱えるあらゆる負の側面が凝縮されたような展開である。

特に、安倍首相が「桜を見る会」の前夜に都内のホテルで開いた「前夜祭」で、地元の後援会員らから五〇〇〇円という破格の安さの会費を集め、会場のホテルに支払った費用総額の一部を安倍事務所が補塡していた疑惑は、たとえば政治資金収支報告書への未記載があれば政治資金規正法、五〇〇〇円を超えて飲食を提供していれば公職選挙法に違反する可能性があった。安倍首相自身の刑事責任にも直結しかねない問題だ。

党としての歴史が長く、『しんぶん赤旗』という独自のメディアを持つ共産党の調査能力は、政界では以前から定評があったが、共産党が発掘したスキャンダルなどに他の野党が積極的に同調することは、過去にはあまり見られなかった。

しかし「桜を見る会」問題では、立憲民主党を含む野党各党が、結束して息長く問題追及に取り組んだ。国会では安倍首相らが木で鼻をくくったような答弁を繰り返し、疑惑解明にまったく消極的な姿勢をとり続けたが、野党は四党合同の「桜を見る会」追及本部が、野党合同ヒアリングなど国会外の活動も通じて地道に事実関係を積み上げていった。

安倍首相は国会で「後援会としての収入、支出は一切ない」「事務所側が補塡した事実はまったくない」などと答弁していたが、首相を退任した後の二〇二〇年一一月、公設第一秘書が補塡の事実を認め、政治資金規正法違反で略式起訴される事態になった。刑事事件化ももちろん問題だが、これにより、安倍氏は「桜を見る会」問題で一一八回もの虚偽答弁を重ねていたことが、衆院事務局の調べで判明した。

安倍氏には国会で説明する責任がある。この問題はまだ終わっていない。

†検察庁法改正案の廃案

「桜を見る会」問題が拡大の様相をみせたのとほぼ並行して、黒川弘務・東京高検検事長の定年延長をめぐり、国家公務員法の法令解釈を勝手に変更したことが問題となっていた。

政府は二〇二〇年一月三一日の閣議で、一週間後の二月七日付で定年退官する予定だった黒川氏について、定年を六ヵ月延長することを決定した。安倍政権に近いとされていた黒川氏の定年延長は、次期検事総長への起用含みとみられていた。

「人事権の乱用によって政権に近い人材を登用する」のは、これまでもたびたびみられた安倍政権の負の体質だが、この問題はそれだけではすまない要素をはらんでいた。政府は黒川氏の定年延長について、国家公務員法の定年延長規定を根拠にしたが、政治的中立性が求められる「準司法官」である検察官には、この国家公務員法の規定は適用されないというのが従来の解釈だった。安倍政権はこれを無視し、法令解釈を政権に都合良く変更した。こうした安倍政権の姿勢は、集団的自衛権をめぐる憲法解釈を閣議決定で変更したこととも共通する。

「桜を見る会」問題で首相周辺の刑事責任が問われかねないというタイミングでこの問題が発覚したことは、国民の怒りに火をつけた。

野党はもちろん徹底的に戦った。立憲民主、国民民主、共産、社民の野党四党は二月二七日、共同で森雅子法相への不信任決議案を衆院に提出した。この前日の二六日、立憲の枝野代表は衆院予算委員会で、安倍首相にこう詰め寄った。

「黒川検事長は『官邸に近い』と言われてきた。この方を無理をして任期延長させ、検事総長にあてようとしているのは、総理自ら『桜を見る会』に対する政治資金規正法の捜査を防ごうとするものだと疑われている。検察の中立性に対する信頼を失わせる意味で、この人事は不当だ」

しかし安倍政権は、こうした批判をものともしなかった。政府は翌三月、この解釈変更を「後付け」で正当化させるべく、検察幹部の定年を内閣の判断で延長可能にすることを盛り込んだ検察庁法改正案を国会に提出した。

首相をも逮捕できる検察の上層部の人事を内閣が恣意的に行えるようにする改正案は、国民の怒りをさらに増幅させた。法案が実質審議に入った五月、「#検察庁法改正案に抗議します」というハッシュタグをつけたツイッターの投稿が共感を呼び、タグのついたツイートは少なくとも四〇〇万を超える広がりをみせた。これが国会での野党の追及への大きな後押しとなった。

最終的に政府は、この法案の事実上の廃案に追い込まれた。市民と野党の共同による

「政権監視」が大きな実績を上げたと言える。

6 そして「政権選択」選挙へ

野党の国会での活動については、「結局は批判ばかりなのではないか」、「反対ばかりしていないで対案を出せ」「国会は議論の場ではないのか」といった批判が多い。たしかに、立憲民主党や共産党などの野党が自ら「成果」とするものの多くが、安倍政権の政治姿勢などの問題を厳しく追及し、ただすものだ。

だが、野党も多くの法案を国会に提出している。私が関わっている法案では、「原発ゼロ基本法」があるが、審議すらされていない。自民党・公明党のほうが、野党の提案する法案の審議拒否を続けているのである。残念ながら国会では数がものを言う。野党は少数派だから野党なので、なかなか国会でも主導権を握ることはできない。安倍政権の度重なる強行採決も、阻止は困難だった。

そのなかで、野党としてできること、野党でなければできないこと、野党の最大の役割が「政権監視」である。

安倍政権の恣意的な人事によって、本来政府からの独立性の高さが求められる内閣法制局をはじめとする機関からその独立性が損なわれ、さらにメディアから政権批判能力が著しく失われている今、野党が政権監視の機能をしっかりと果たせなければ、安倍・菅政権の傍若無人な政権運営が無条件に許されることになってしまう。

しかし、二〇二〇年になると、野党は「政権監視」だけでなく、「対案提示」においても力を発揮した。新型コロナウイルス感染症への対応である。

†新型コロナウイルス感染症への対応

「桜を見る会」問題で安倍政権が動揺していた二〇二〇年一月一五日、厚生労働省が国内で初めて、新型コロナウイルスの感染者を確認した。私が首相として直面した二〇一一年の東日本大震災と東京電力福島第一原発事故に匹敵する、まさに「国難」と呼べる危機の到来だった。しかし安倍政権は「最悪のシナリオ」を想定できず、あらゆる対応が後手に回って危機を広げてしまった。

たとえば、水際対策に失敗して市中感染を防げなかった。PCR検査を抑制したことで、感染の実態を正確につかめなかった。全国一斉休校要請などを唐突に打ち出し、社会と経済を混乱させた。「アベノマスク二枚配布」で国民をあきれさせ、そのマスクすら満足に配れなかった。

後を継いだ菅義偉政権は緊急事態宣言の発令に及び腰になり、逆に「Ｇｏ Ｔｏキャンペーン」で政策的に人の移動を活発化させたことで第二波、第三波の到来を招き、医療を崩壊状態に陥れた。そして、飲食店をはじめ経済的に追い詰められた人々への補償を渋り、感染以外でも社会と経済に壊滅的な影響をもたらした。

東日本大震災と福島原発事故の際に「民主党政権の危機管理能力の欠如」をあげつらった安倍氏が、ここまでお粗末な危機管理能力を露呈するとは、私も思わなかった。このコロナ禍に安倍・菅(すが)両政権であったことこそが、何十年後かに「あの政権こそが悪夢だった」と振り返られるだろう。

安倍・菅政権の危機対応の稚拙さに比べ、コロナ禍における立憲民主党をはじめとする野党は積極的に政策提案をし、そのいくつかは政権も採り入れた。

コロナ禍の発生は二〇一九年度の年度末が近づく時期だった。政府はすでに二〇二〇年度当初予算案（一般会計の歳出総額一〇二兆六五八〇億円）を編成済みで、そこにはコロナ禍対策費は当然含まれていない。安倍首相が全国の学校の一斉休校要請を決めた翌日の二月二八日、野党は二〇二〇年度当初予算案の組み替え案を共同提出した。当初予算案にあったマイナンバーポイント還元事業（二四七八億円）とカジノ管理委員会運営費（三八億円）を削除し、コロナ対策費にあてるよう求めた。

安倍政権は組み替え案を無視し、二〇二〇年度予算は三月二七日に原案通り可決・成立した。ところが、安倍首相は翌二八日、コロナ対策を盛り込んだ第一次補正予算の編成を指示した。コロナ禍で補正の必要性を理解していたのなら、なぜ野党の求めに応じて当初予算案を修正しなかったのか、理解に苦しむ。

補正予算案編成にあたり、野党は四月二日「全国民に一律一〇万円を給付する」ことを政府に提案した。安倍政権はこれも無視し、補正予算案は四月七日に閣議決定された。

ところが、この補正予算案の目玉とされた「収入減少世帯への三〇万円給付」が「対象が少なすぎる」などと大きな反発を受けると、与党内からも政府の補正予算案への反発が相次いだ。政府は閣議決定から二週間後の二〇日、三〇万円給付案を撤回して一律一〇万円給付を新たに盛り込み、補正予算案の閣議決定の「やり直し」を行うことになった。

一度閣議決定までした予算案の内容を修正して閣議決定のやり直しを行ったのは、補正予算では初めてだという。前代未聞の事態だった。

安倍政権が当初予算の組み替えに応じなかったのは、野党案を呑むことへの強い抵抗感があったのかもしれない。では、補正予算はなぜ組み替えに応じたのか。当初予算案の段階で、こうした柔軟な姿勢を取ることはできなかったのか。補正予算は四月三〇日に成立したが、ここまで約一カ月のロスが生じたことになる。

予算だけではない。現在、政府の緊急事態宣言を含むコロナ対応の根拠法となっているのは、民主党政権下の二〇一二年に成立した新型インフルエンザ等対策特別措置法だ。野党はコロナ禍に迅速に対応できるよう、この特措法をコロナ禍に適用することを求めた。法律名が「新型インフルエンザ等」となっているように、法改正をしなくても適用が可能だとの判断だった。安倍政権は当初「特措法はコロナには適用できない」との姿勢をとり続けたが、結局三月になって特措法を改正し、コロナ対応に適用できるようにした。

この安倍政権の対応についても、当初から「民主党政権時代に作られた法律を使いたくなかったのでは」という指摘があった。二〇二〇年度当初予算案と同じく「野党の指摘など聞きたくない」という態度だったのかもしれない。しかし結果として、安倍政権は野党の指摘を、時間がたってから採用せざるを得なかった。

迅速な対応が求められるコロナ禍で、こうした態度がどれだけの時間的ロスを生じさせてしまったか。

東日本大震災・東電福島第一原発事故のとき、私は発生翌日に野党各党の党首と会談し、この国難への協力を求めた。党首会談は単なるセレモニーではない。総理から野党に協力を求めたということは、野党から提案があれば検討したいという意思表明でもある。しかし、どうも安倍晋三・菅義偉という二代の総理には、国難にあたっては、野党の力を借りようという度量がないようだ。

立憲民主党は他の野党とも協力して、困窮した学生の学費支援や、売り上げが激減した事業者への家賃支払いの支援など、多くの個人や事業者に対する支援策を作った。それらを政府に提案し、実現させたのである。

†新しい立憲民主党の結党

コロナ禍という危機において、手柄争いがしたいのではない。

現在の野党が、政府も採用するような実のある提案をできるのは、所属議員の多くが民主党で政権運営の経験があるからだと伝えたい。それもただの経験ではない。あの東日本大震災と東京電力福島第一原発事故という、コロナ禍に負けないほどの国難に、多くの所属議員が対峙した経験を持っているのだ。

コロナ禍のなか、政策提言や政権の不手際の追及と並行して、野党勢力の結集も進んだ。

二〇二〇年九月、立憲民主党の全議員、国民民主党の大部分の議員が合流し、新たな「立憲民主党」がスタートしたのである（同時に、新たな国民民主党もスタートしている）。党名が前と同じなので「新党」として認識されていないが、法律上は新党となる。

新しい立憲民主党には衆参一五〇人の国会議員が参加し、うち衆院議員は一〇七人だ。これは、民主党が政権交代を実現した二〇〇九年衆院選時の公示前勢力一一五人に近い数である。数の上では次期衆院選を「政権選択選挙」に持ち込むことが可能な規模の野党第一党が、ようやく誕生したのだ。

だが、あの時の民主党と今の立憲民主党は違う。民主党があの衆院選に勝って政権交代を実現し、鳩山政権が誕生した時、党内で閣僚や副大臣を経験していた議員は、おそらく一〇人もいなかったと思う。鳩山由紀夫首相自身も、官房副長官の経験はあるが、大臣経験はなかった。初の大臣経験が首相だったのだ。

だが現在の立憲民主党には、元閣僚や元副大臣、元大臣政務官などかなりの政権経験者がいる。代表の枝野氏は言うまでもなく、あの東日本大震災当時の官房長官だ。

危機への対応能力、国民の暮らしと安全を守るための政策立案では、自民党の議員よりも、立憲民主党の議員のほうが経験も知識もある。

二〇二一年四月の衆参三補選・再選挙では、野党統一候補が三つの選挙すべてに勝利することができた。

立憲民主党を中心とする野党の政治ブロックが確立し、政権選択の一方の軸が生まれたことや、国会でのしっかりした活動への評価が、伝わり始めたと、意を強くしている。

†暗黒政権に終止符を

平時の国家運営は自民党でもできるかもしれない。だが自民党政権が続いたのでは絶対に進まないのが、情報公開だ。

民主党政権への批判は多いが、評価されたひとつが情報公開を進めたことだった。なかでも、岡田外務大臣による外務省の沖縄返還時に「密約」があったことを示す文書の発見と公開は、まさに自民党政権ではできないことだった。政権交代の意味のひとつが、前政権が長年にわたり隠していたことを明らかにできる点だと証明した。

情報公開では私にも経験がある。一九九六年に橋本内閣で厚生大臣を務めたときのことだ。薬害エイズ問題で厚生省は、あるはずの資料が「見つからない」として、裁判にも提出していなかった。私は大臣に就任すると、省内にプロジェクトチームを作り、資料を見つけ出すよう指示した。すると、数日で発見されたのである。

大臣が本気で指示すれば、役人は自分たちにとって都合の悪いことが書かれている文書でも公開せざるを得ない。しかし安倍・菅(すが)政権はその逆をやっている。役人たちに、首相にとって都合の悪い資料を隠し、ときには廃棄し、公開しても黒塗り状態にさせているのだ。森友・加計学園問題では政府が公開を拒んでいる資料がいまだにあるが、立憲民主党が政権を取れば、大臣の指示で一気に公開できる。

情報公開は政策のなかで、ほとんど費用がかからず、新しい法律も不要で、すぐに実行できるものだ。役所のトップとなる大臣が、指示すればいい。しかし自民党には情報隠蔽の意思は強いが、情報公開をする気はない。この点だけでも、自民党がいかに時代の趨勢に逆行しているかがわかる。安倍・菅（すが）政権約九年で日本の役所は情報公開の点では戦前に戻ってしまったかのようだ。

野党が強く要求した結果、役所がしぶしぶ出した資料も、その多くが黒塗りとなっている。そこに、自民党、とくに安倍・菅（すが）政権の底知れぬ闇を感じた。真っ暗闇だ。まさに暗黒政治、暗黒の政権である。

これまで述べたように、民主党政権での経験豊富な政治家と、その後の野党にとって厳しい時代に力を蓄えてきた若手がきちんと役割分担をすれば、とても安定的でパワフルな政権、能力の高い政権の樹立が十分に可能だと確信している。

暗黒政権に終止符を打ちたい。

あとがき

第三章に記したが、民主党は二〇一二年の総選挙にあたり、二〇〇九年のマニフェストを自己検証し、実行できたもの、一部達成できたもの、着手のみだったもの、未着手のものと分類し、その詳細を公開した。

では自民党はどうなのだろうと調べてみたら、二〇一九年三月七日に、二〇一七年の衆院選の公約の達成状況を検証する「公約・政策等評価委員会」を開き、「公約にあった二五七項目を評価したところ、約九割にあたる二四〇項目が着実に実行されたと発表した」という趣旨の記事があった。自民党はそれまで選挙公約を自ら検証したことがなかったのだ。

ところが記事をよく読むと、どの政策が実行されたかといった、明細というか内訳は発表しなかったという。「九割を達成」と威張っているだけなのだ。これでは評価したことにならないだろう。

このように自民党は不誠実である。民主党は批判を覚悟でマニフェストを自己検証し、公開した。この違いがいかに大きいか。自民党の不誠実さは、安倍・菅政権が情報を隠蔽し、隠蔽しきれなくなると改竄してきたことでも明らかだ。

今年の春に『原発事故10年目の真実　始動した再エネ水素社会』(幻冬舎)を出版すると、「民主党政権時代の他の政策についても書いてはどうか」「自民党に悪夢呼ばわりされているが、反論しなければ本当に悪夢だったことにされてしまう」といった感想をいただいた。

政権を獲得してからだと一二年になり、私自身、忘れかけていることもある。記憶はどんどん薄れていくので、いまのうちに、何をしたか、何ができなかったかを検証してみるのも無駄ではないと考えた。

また、政権を失ってからだと九年になるが、第五章に記したように、新しい立憲民主党ができ、いよいよ自民党に政権交代を迫ることのできる態勢が整ったので、我々には政策立案能力と実行能力、政権を担った経験があることを、広く知ってもらいたいとも考えた。

政権の真ん中にいた政治家が、その政策や政権運営を検証する本は、言い訳、自慢と批判されやすい。客観的に書いたつもりだが、自己弁護だ、自慢だと受け取る方もいるだろう。だが、総理大臣経験者が自らの政権を検証した記録を残すことは意味のあることだと考え、あえて書いてみた。

その趣旨を理解し、「当事者による記録は価値があります」と出版を快諾してくださった、ちくま新書編集長・松田健氏に感謝する。本作りにあたっては、作家・編集者の中川右介氏と元毎日新聞編集委員・尾中香尚里氏に協力していただいた。

執筆にあたり、二〇〇九年一二月、まだ政権交代の興奮の熱気があるなかで出版した『大臣 増補版』（岩波新書）を読み返してみると、「あとがき」にこう書いていた。

〈今回の政権交代は、単に政策担当の政党の顔ぶれが変わるのではなく、「原理が変わる」という意味が、少しずつではあるが、理解されている。

しかし、実際には、今の段階は日本再生のための最初の扉を開いただけで、国のかたちを変えるための本格的な制度改革は、すべてこれからの仕事だ。〉

扉は開けることができたが、逆風によって、再び閉じられてしまった。その間に日本は格差が広がり、閉塞し、希望のない国になりつつある。

再び扉を開けて、未完の仕事を完成させたい。

二〇二一年七月

菅 直人

関連年表

年	月	日	事項
二〇〇九	八	三〇	**第四五回衆議院議員総選挙**（民主党三〇八議席）、政権交代へ
	九	九	民主党・社民党・国民新党、連立政権樹立合意
	九	一六	**鳩山由紀夫内閣発足**（民主党・社民党・国民新党）
	九	一七	前原誠司国土交通相、八ッ場ダム建設中止を表明、岡田克也外相、核密約問題調査を命令
	九	一八	国家戦略室・行政刷新会議を設置、民主党、「政府・与党一元化における政策決定」発表
	九	二二	鳩山首相、国連演説、温室効果ガス二五％削減を表明
	九	二八	自民党、谷垣禎一総裁選出
	一〇	二四	鳩山首相、ASEAN首脳会談で東アジア共同体構想を表明
	一一	一一	事業仕分け（第一弾）開始
	一二	一六	小沢幹事長、「二〇一〇年度予算と税制に関する党の要望書」（重点要望）を鳩山首相に提出
二〇一〇	一	一五	東京地検特捜部、陸山会土地購入問題で石川知裕衆議院議員ら小沢民主党幹事長の元秘書・秘書を逮捕
	二	六	イカルイトG7、ギリシャ危機問題を議論
	三	九	外務省有識者委員会、日米核密約の存在を認定
	三	二六	子ども手当法成立
	三	三一	高校授業料無償化法成立、改正雇用保険法成立（派遣労働者の雇用保険加入促進）

年	月	日	事項
	五	二八	日米両政府、普天間基地移設先を名護市辺野古とする共同声明、閣議決定に反対した福島瑞穂消費者相（社民党党首）を罷免
	五	三〇	社民党、連立離脱
	六	二	鳩山首相、退陣と小沢民主党幹事長の辞任を表明
	六	四	民主党、菅直人代表選出
	六	八	**菅直人内閣発足**（民主党・国民新党）
	六	一七	菅首相、記者会見で消費税一〇％発言
	六	二二	地域主権戦略大綱を閣議決定
	六	二八	高速道路無料化の社会実験開始
	七	一一	**第二二回参議院議員通常選挙**（民主党四四議席）、ねじれ国会に
	九	七	尖閣諸島中国漁船衝突事件
	九	一四	民主党、八年ぶりの党員・サポーター参加の代表選挙、菅代表再選
	九	一七	菅第一次改造内閣発足
	一二	一七	防衛大綱を閣議決定、「動的防衛力」概念導入
二〇一一	一	一四	菅第二次改造内閣発足
	一	三一	東京検察審査会の議決により、政治資金規正法違反容疑で小沢一郎を起訴
	二	一七	民主党小沢系議員一六人、会派離脱願提出
	三	一一	東日本大震災、東京電力福島第一原発事故で原子力緊急事態宣言
	四	一四	復興構想会議、第一回会合
	四	二八	地域主権改革関連三法成立

年	月	日	事項
	五	六	菅首相、中部電力浜岡原発停止を要請
	六	二	菅首相、民主党代議士会で復興に一定の目処がついた段階での辞任を表明、衆議院で菅内閣不信任決議案否決
	六	二〇	復興基本法成立（復興庁新設決定）
	六	三〇	政府・与党、消費税増税を含む「社会保障と税の一体改革」案を決定
	七	一三	菅首相、「脱原発」表明
	八	二六	特例公債法・再生可能エネルギー特別措置法成立、菅首相退陣表明
	八	二九	民主党、野田佳彦代表選出
	九	二	**野田佳彦内閣発足**（民主党・国民新党）
	一一	一一	野田首相、TPP交渉参加意向表明
	一二	一六	野田首相、原発事故収束（冷温停止状態）宣言
	一二	二二	前田武志国土交通相、八ッ場ダム建設継続表明
	一二	二八	民主党議員九人、離党届提出
二〇一二	一	一三	野田第一次改造内閣発足（民主党・国民新党）
	二	一七	社会保障・税一体改革大綱を閣議決定
	三	二三	原子力安全委員会、関西電力大飯原発ストレステストを「妥当」評価
	三	二九	亀井静香国民新党代表、消費税増税閣議決定に反対して連立離脱表明、自見庄三郎金融相など所属議員八名中六名は連立維持表明
	四	二六	東京地裁、小沢一郎に無罪判決
	五	九	検察審査会、小沢無罪判決を不服として控訴

	六	四	野田第二次改造内閣発足（民主党・国民新党）
	六	二六	衆議院で社会保障・税一体改革関連法案可決、鳩山・小沢ら七二名が造反
	七	一	大飯原発再稼働
	七	一一	「国民の生活が第一」結成（小沢一郎代表）
	八	一〇	参議院で社会保障・税一体改革関連法案可決・成立
	八	二二	野田首相と脱原発を求める首相官邸前抗議行動の代表者が面会
	九	一一	尖閣諸島国有化
	九	二一	民主党、野田代表再選
	九	二六	自民党、安倍晋三総裁選出
	九	二八	日本維新の会結成（橋下徹代表）
	一〇	一	野田第三次改造内閣発足（民主党・国民新党）
	一一	一二	東京高裁（二審）、小沢一郎に無罪判決
	一一	一四	野田首相、党首討論で衆議院解散を明言
	一一	一六	衆議院解散
	一一	一七	太陽の党、日本維新の会へ合流（石原慎太郎代表、橋下徹代表代行）
	一一	二八	日本未来の党結成（嘉田由紀子代表）
	一二	一六	**第四六回衆議院議員総選挙**（民主党五七議席）
	一二	二五	民主党、海江田万里代表選出
	一二	二六	**第二次安倍内閣発足**（自民党・公明党）

（関連年表、閣僚・党役職一覧は『民主党政権とは何だったのか』（山口二郎・中北浩爾編、岩波書店）を参考にした）

菅 第2次改造内閣	野田内閣	野田 第1次改造内閣	野田 第2次改造内閣	野田 第3次改造内閣
2011年1月	2011年9月	2012年1月	2012年6月	2012年10月
菅直人	野田佳彦	野田佳彦	野田佳彦	野田佳彦
×	×	岡田克也	岡田克也	岡田克也
片山善博	川端達夫	川端達夫	川端達夫	樽床伸二
江田五月	平岡秀夫	小川敏夫	滝実	田中慶秋 →小平忠正 →滝実
前原誠司 →枝野幸男 →松本剛明	玄葉光一郎	玄葉光一郎	玄葉光一郎	玄葉光一郎
野田佳彦	安住淳	安住淳	安住淳	城島光力
高木義明	中川正春	平野博文	平野博文	田中眞紀子
細川律夫	小宮山洋子	小宮山洋子	小宮山洋子	三井辨雄
鹿野道彦	鹿野道彦	鹿野道彦	郡司彰	郡司彰
海江田万里	鉢呂吉雄 →藤村修 →枝野幸男	枝野幸男	枝野幸男	枝野幸男
大畠章宏	前田武志	前田武志	羽田雄一郎	羽田雄一郎
松本龍→江田五月	細野豪志	細野豪志	細野豪志	長浜博行
北澤俊美	一川保夫	田中直紀	森本敏	森本敏
枝野幸男	藤村修	藤村修	藤村修	藤村修
松本龍 →平野達男	平野達男	平野達男	平野達男	平野達男
中野寛成	山岡賢次	松原仁	松原仁	小平忠正
枝野幸男	川端達夫	川端達夫	川端達夫	樽床伸二
自見庄三郎	自見庄三郎	自見庄三郎	松下忠洋 →安住淳	中塚一宏
与謝野馨	古川元久	古川元久	古川元久	前原誠司

閣僚一覧

	鳩山内閣	菅内閣	菅 第1次改造内閣
	2009年9月	2010年6月	2010年9月
総　理	鳩山由紀夫	菅直人	菅直人
副総理	菅直人	×	×
総　務	原口一博	原口一博	片山善博
法　務	千葉景子	千葉景子	柳田稔 →仙谷由人
外　務	岡田克也	岡田克也	前原誠司
財　務	藤井裕久 →菅直人	野田佳彦	野田佳彦
文部科学	川端達夫	川端達夫	高木義明
厚生労働	長妻昭	長妻昭	細川律夫
農林水産	赤松広隆	山田正彦	鹿野道彦
経済産業	直嶋正行	直嶋正行	大畠章宏
国土交通	前原誠司	前原誠司	馬淵澄夫
環　境	小沢鋭仁	小沢鋭仁	松本龍
防　衛	北澤俊美	北澤俊美	北澤俊美
内閣官房長官	平野博文	仙谷由人	仙谷由人
復興対策担当 →復興（12.2.10）	×	×	×
国家公安委員会委員長	中井洽	中井洽	岡崎トミ子
沖縄及び北方対策	前原誠司	前原誠司	馬淵澄夫
金　融	亀井静香	亀井静香 →仙谷由人 →自見庄三郎	自見庄三郎
経済財政政策	菅直人	荒井聰	海江田万里

菅 第2次改造内閣	野田内閣	野田 第1次改造内閣	野田 第2次改造内閣	野田 第3次改造内閣
2011年1月	2011年9月	2012年1月	2012年6月	2012年10月
玄葉光一郎	古川元久	古川元久	古川元久	前原誠司
松本龍 →平野達男	平野達男	平野達男 →中川正春	中川正春	下地幹郎
与謝野馨	蓮舫	岡田克也 →中川正春	中川正春	中塚一宏
与謝野馨	蓮舫	岡田克也 →中川正春 →小宮山洋子	小宮山洋子	中塚一宏
片山善博	川端達夫	川端達夫	川端達夫	樽床伸二
玄葉光一郎	蓮舫	岡田克也 →中川正春	中川正春	中塚一宏
蓮舫 →細野豪志	山岡賢次	松原仁	松原仁	小平忠正
蓮舫 →枝野幸男	蓮舫	岡田克也 →中川正春	岡田克也	岡田克也
細野豪志	細野豪志 →枝野幸男	枝野幸男	枝野幸男	枝野幸男
×	細野豪志	細野豪志	細野豪志	前原誠司
×	×	×	細野豪志	長浜博行
玄葉光一郎	古川元久	古川元久	古川元久	前原誠司
中野寛成	山岡賢次	松原仁	松原仁	田中慶秋→×
自見庄三郎	自見庄三郎	自見庄三郎	松下忠洋 →安住淳	下地幹郎
玄葉光一郎	古川元久	古川元久	古川元久	前原誠司
×	×	×	×	×
中野寛成	蓮舫	岡田克也 →中川正春	中川正春	岡田克也

	鳩山内閣	菅内閣	菅 第1次改造内閣
	2009年9月	2010年6月	2010年9月
科学技術政策担当	菅直人 →川端達夫	川端達夫	海江田万里
防　　災	前原誠司 →中井洽	中井洽	松本龍
男女共同参画	福島瑞穂 →平野博文	玄葉光一郎	岡崎トミ子
少子化対策	福島瑞穂 →平野博文	玄葉光一郎	岡崎トミ子
地域主権推進	原口一博	原口一博	片山善博
新しい公共	仙谷由人	玄葉光一郎	玄葉光一郎
消費者及び食品安全	福島瑞穂 →平野博文	荒井聰	岡崎トミ子
行政刷新	仙谷由人 →枝野幸男	蓮舫	蓮舫
原子力損害賠償 支援機構	×	×	×
原子力行政	×	×	×
原子力防災	×	×	×
宇宙開発担当 →宇宙政策（12.7.12）	×	×	海江田万里
拉致問題担当	中井洽	中井洽	柳田稔 →仙谷由人
郵政改革担当 →郵政民営化担当 （12.5.8）	亀井静香	亀井静香 →仙谷由人 →自見庄三郎	自見庄三郎
国家戦略担当	菅直人 →仙谷由人	荒井聰	玄葉光一郎
年金改革担当	長妻昭	長妻昭	×
公務員制度改革担当	仙谷由人	玄葉光一郎	蓮舫

野田内閣	野田 第1次改造内閣	野田 第2次改造内閣	野田 第3次改造内閣
2011年 9月	2012年 1月	2012年 6月	2012年 10月
野田佳彦	野田佳彦	野田佳彦	野田佳彦
×	×	×	×
北澤俊美 直嶋正行 田中慶秋 岡崎トミ子	山岡賢次 北澤俊美 直嶋正行 田中慶秋	北澤俊美 直嶋正行 田中慶秋 石井一	石井一 鹿野道彦 川端達夫 赤松広隆 北澤俊美 直嶋正行 仙谷由人
輿石東	輿石東	輿石東	輿石東
前原誠司	前原誠司	前原誠司	細野豪志
平野博文	城島光力	城島光力	山井和則
高木義明	高木義明	高木義明	鉢呂吉雄 →加藤敏幸
輿石東	輿石東	輿石東	輿石東

党役職一覧

	鳩山内閣	菅内閣	菅 第1次改造内閣	菅 第2次改造内閣
	2009年 9月	2010年 6月	2010年 9月	2011年 1月
代　表	鳩山由紀夫	菅直人	菅直人	菅直人
代表代行	×	×	×	仙谷由人
副代表	前原誠司 川端達夫 石井一 高木義明 北澤俊美 円より子	石井一 山岡賢次	石井一 山岡賢次	石井一 山岡賢次 直嶋正行 鉢呂吉雄 岡崎トミ子 石毛えい子
幹事長	小沢一郎	枝野幸男	岡田克也	岡田克也
政策調査会長	×	玄葉光一郎	玄葉光一郎	玄葉光一郎
国会対策委員長	山岡賢次	樽床伸二	鉢呂吉雄	安住淳
選挙対策委員長	石井一	安住淳	渡辺周	石井一
参議院議員会長	輿石東	輿石東	輿石東	輿石東

ちくま新書
1591

民主党政権　未完の日本改革

二〇二一年八月一〇日　第一刷発行

著者　菅 直人（かん・なおと）

発行者　喜入冬子

発行所　株式会社 筑摩書房
東京都台東区蔵前二-五-三　郵便番号一一一-八七五五
電話番号〇三-五六八七-二六〇一（代表）

装幀者　間村俊一

印刷・製本　株式会社 精興社

ISBN978-4-480-07422-5 C0231

ちくま新書

974
原発危機　官邸からの証言
福山哲郎
本当に官邸の原発事故対応は失敗だったのか？　当時の官房副長官が、自ら残したノートをもとに緊急事態への取組を徹底検証。知られざる危機の真相を明らかにする。

1407
官僚制と公文書
——改竄、捏造、忖度の背景
新藤宗幸
眼を覆いたくなるほど凄まじい官僚の劣化。組織構造、意思決定、情報公開法や公文書管理法など、官僚統制のシステムを問いなおし、〝政権主導〟の暴走をえぐる。

1488
令和日本の敗戦
——虚構の経済と蹂躙の政治を暴く
田崎基
安倍長期政権の末路ここにあり。崩壊寸前のこの国はやがて「令和の敗戦」を迎える。経済政策の虚構、疲弊する労働者、権力の暴走と欺瞞を気鋭の記者が迫真ルポ。

1346
立憲的改憲
——憲法をリベラルに考える７つの対論
山尾志桜里
今あるすべての憲法論を疑え！　真に権力を縛り立憲主義を取り戻す「立憲的改憲」を提起し自衛権、安全保障、違憲審査など核心問題について気鋭の論客と吟味する。

1355
日本が壊れていく
——幼稚な政治、ウソまみれの国
斎藤貴男
「モリ・カケ」問題、官僚の「忖度」、大臣の舌禍事件……。政治の信頼を大きく損ねる事件が、なぜこれほど続くのか？　日本の政治が劣化した真因を考える。

1575
コロナ対策禍の国と自治体
——災害行政の迷走と閉塞
金井利之
なぜコロナウイルス対策で、国対自治体の構図に象徴される非難応酬が起きるのか。民衆にとって行政のコロナ対策自体が災禍となっている苛政の現状を分析する。

1299
平成デモクラシー史
清水真人
90年代の統治改革が政治の風景をがらりと変えた。「小泉劇場」から民主党政権を経て「安倍一強」へ。激動の30年を俯瞰し、「平成デモクラシー」の航跡を描く。